GRAMMAIRE

RUDIMENTAIRE

DE

LA LANGUE FRANÇAISE,

PAR

A.-F. LAMBERT.

PARIS.

1846.

1847

PARIS. — IMPRIMERIE PROUX ET Cᵉ, RUE NEUVE-DES-PONS-ENFANS, 3.

GRAMMAIRE RUDIMENTAIRE

DE LA

LANGUE FRANÇAISE.

NOTIONS PRÉLIMINAIRES.

1. *Penser*, c'est donner son attention, comparer, juger, abstraire.

2. On appelle *idées* les dernières parties dans lesquelles une pensée peut se diviser.

3. *Comparer*, c'est mettre en regard deux idées.

4. *Juger*, c'est apercevoir un rapport entre deux idées.

5. *Abstraire*, c'est séparer en esprit.

6. *Parler*, c'est exprimer sa pensée au moyen de sons et d'articulations.

7. *Écrire*, c'est peindre la parole.

8. Un *principe* est une vérité nécessaire et universelle.

9. La *grammaire* est la science du langage : elle offre l'exposé des principes et des usages auxquels se conforment en parlant et en écrivant les personnes bien élevées et les bons écrivains.

10. Une *proposition* est l'expression parlée ou écrite d'un jugement.

11. Une proposition se compose de trois parties

qui sont : le *sujet*, le *verbe* et l'*attribut*. Le *sujet* désigne l'être dont on juge quelque chose : l'*attribut* exprime ce qu'on juge du sujet, et le *verbe* est le signe du rapport que l'esprit aperçoit entre le sujet et l'attribut.

12. Une *phrase* est une pensée complète renfermée dans une ou plusieurs propositions.

13. Une suite de propositions ou de phrases liées entre elles forme un *discours*.

14. Les *mots* sont les plus petites parties de la proposition.

15. On appelle *mot* une ou plusieurs syllabes formant un tout distinct et exprimant une idée.

16. Les mots sont composés de *syllabes* et les syllabes de *lettres*.

17. Une *syllabe* est formée ou d'une seule lettre, et dans ce cas cette lettre est une voyelle, ou de plusieurs lettres prononcées en un seul temps : *corps* est un mot d'une syllabe, *esprit* est un mot de deux, *univers* est un mot de trois syllabes.

18. Une *diphthongue* est une syllabe qui fait entendre un double son : telles sont les syllabes *ia* dans *fiacre*, *ian* dans *viande*.

19. Les *lettres* sont des figures destinées à représenter les sons de la voix et les modifications de ces sons ou les articulations.

20. Les sons sont modifiés par les lèvres, les dents, la langue, le palais, le gosier et le nez.

21. L'*alphabet* que nous avons adopté, comprend vingt-cinq lettres, qui, seules, combinées entre elles, ou accentuées, nous servent à exprimer toutes les voix et les articulations existant dans notre langue.

Voici ces vingt-cinq lettres : *a, b, c, d, e, f, g, h, i, j, k, l, m, n, o, p, q, r, s, t, u, v, x, y, z.*

22. Les lettres et combinaisons de lettres sont de deux sortes : les *voyelles* et les *consonnes*.

23. Les *voyelles*, au nombre de quatorze. sont : *a, e, é, è, i, y, o, u, eu, ou, an, in, on, un*.

On appelle *voyelles* ces lettres ou combinaisons de lettres par la raison qu'elles représentent des *voix*, des sons. — *An in, on, un*, sont appelés *voyelles nasales* parce qu'on les prononce un peu du nez.

24. L'*y* se prononce comme deux *i*, 1° dans *pays* et ses dérivés ; 2° entre deux voyelles, comme dans *voyage, tuyau*. Dans tous les autres cas il a le son de l'*i*.

25. Les consonnes, au nombre de vingt-deux. sont *b, c, d, f, g, h, j, k, l, m, n, p, q, r, s, t, v, x, z, ch, gn, ill*. Ces lettres ou combinaisons de lettres sont nommées consonnes, parce qu'elles ne peu vent exprimer de sons qu'avec le secours des voyelles.

Consonne veut dire qui *sonne avec*.

26. Sous le rapport de la durée des sons, les voyelles sont *longues* ou *brèves*.

27. Les *voyelles longues* sont celles qu'on prolonge en les prononçant : et les *voyelles brèves*, celles qu'on prononce rapidement.

A est long dans *âge, tâche* (ouvrage), et bref dans *tache* (souillure).

E est long dans *tempéte*, et bref dans *sonnette*.

I est long dans *gîte* (demeure), et bref dans *petite*.

O est long dans *côte*, et bref dans *cotte*.

U est long dans *flûte*, et bref dans *butte*.

Eu est long dans *jeûne* (privation), et bref dans *jeune* (peu avancé en âge).

Ou est long dans *croûte*, et bref dans *doute*.

28. Il y a trois sortes d'*e* : l'*e muet*, l'*e fermé* et l'*e ouvert*.

29. L'*e muet* est celui dont le son est peu sensible, comme à la fin des mots *je*, *mond*E. Quelquefois il ne sert qu'à faire prolonger la voyelle qui le précède immédiatement, comme dans *sci*E, *je sci*E*rai*, *mani*Ement. D'autres fois il est tout-à-fait nul, comme dans les mots *Caen, eau, plein, asseoir*.

30. L'*e fermé* se prononce la bouche presque fermée, comme dans *étranger, nez*.

31. L'*e ouvert* se prononce en ouvrant la bouche plus que pour l'*e fermé*, et en appuyant dessus : *progrès, fidèle, il appelle*.

32. On appelle accents de petits signes qu'on met au-dessus des voyelles, pour en changer le son. Les accents sont au nombre de trois : l'accent aigu (´), qui se fait de droite à gauche, et se met au-dessus de tous les *e* fermés terminant une syllabe : l'accent grave (`), qui se fait de gauche à droite, et surmonte la plupart des *e* ouverts : et l'accent circonflexe (ˆ), formé de la réunion des deux autres, qui se met au-dessus du plus grand nombre des voyelles longues.

33. La lettre *h* est aspirée ou muette.

34. Si la lettre *h* est aspirée, elle fait prononcer avec aspiration, c'est-à-dire du gosier la voyelle qui la suit, et empêche toute liaison entre cette voyelle et la consonne qui peut terminer le mot précédent.

Exemples de mots où le *h* est aspiré :

Haie,	Héraut (officier chargé des
Haine et ses dérivés,	proclamations),
Haïr,	Hérisser,
Haillon,	Hérisson,
Hanneton,	Héros,
Hardes,	Hibou,
Hardi et ses dérivés,	Honte et ses dérivés,
Hareng et ses dérivés,	Hoquet,
Haricot,	Houssard, hussard,
Hasard et ses dérivés,	Hotte.
Haut et ses dérivés,	Hutte.

35. Si la lettre *h* est muette, elle n'a pas plus d'influence sur la prononciation que si elle n'était point écrite ; ce n'est alors qu'une lettre purement étymologique.

Exemples de mots où le *h* est muet :

Héroïsme,	Hôte,
Histoire,	Huissier,
Homme,	Théâtre.

36. La plupart des grammairiens divisent les mots, considérés dans leur nature, en dix *classes* ou *parties du discours*, qui sont : le *substantif*, le *qualificatif*, le *prédéterminatif*, le *personnatif*, le *verbe*, le *participe*, la *préposition*, l'*adverbe*, la *conjonction* et l'*interjection*.

37. Les différentes sortes de mots sont les unes *variables*, et les autres *invariables*.

38. Les mots *variables* sont ceux dont la terminaison est sujette à changer; ce sont le *substantif*, le *qualificatif*, le *prédéterminatif*, le *personnatif*, le *verbe* et le *participe*.

39. Les mots invariables sont ceux dont la terminaison ne change jamais; ce sont la *préposition*, l'*adverbe*, la *conjonction* et l'*interjection*.

CHAPITRE PREMIER.

Parties du discours.

40. Le *substantif* est un mot variable qui exprime l'idée d'une substance sensible ou intellectuelle. (Le mot *substance* signifie *support, soutien.*)

EXEMPLES : homme, cheval, arbre, caillou ;

Maison, vaisseau, montre, télescope (instrument pour observer de loin) ;

Minerve, fée, géant, ogre ;

Vol, blancheur, modération ;

Dieu, ange.

41. Le *qualificatif* est un mot variable, propre à être ajouté à un substantif, et exprimant l'idée d'une qualité, d'une quantité ou d'une manière d'être.

EXEMPLES : grand, petit ; fort, faible ; bon, mauvais ;
Un, multiple, entier ;
Long, large, profond ;
Rouge, bleu, jaune.

42. On reconnaît qu'un mot est substantif en y appliquant la définition, ou en y ajoutant l'un des qualificatifs *beau*, *bon*, *grand*, *utile*, *agréable*, ou leurs contraires.

43. On reconnaît qu'un mot est qualificatif en y appliquant la définition ou en y ajoutant l'un des deux substantifs *personne* ou *chose*.

44. Le *prédéterminatif* est un mot variable qu'on place devant les substantifs communs pour leur donner une signification individuelle. Les prédéterminatifs sont :

Le, la les ; du, des ; au, aux :
Un, une ;
Un, deux, trois, etc. ; *premier, second,* etc. :
Ce, cet, cette, ces ;
Mon, ton, son, } *notre, votre, leur ;*
Ma, ta, sa, }
Mes, tes, ses, nos, vos, leurs ;
*Chaque, nul, certain, aucun, tout, quelque, maint
plusieurs, tel, quel.*

45. Le *personnatif* est un mot signe de la personne, c'est-à-dire, du personnage, du rôle joué dans le discours.

La première personne est l'être qui parle, désigné dans le discours.

Je, me, moi, expriment la première personne du singulier.

Nous exprime la première personne du pluriel.

La seconde personne est l'être à qui l'on parle, désigné dans le discours.

Tu, te, toi, expriment la seconde personne du singulier.

Vous exprime la seconde personne du pluriel.

La troisième personne est tout être désigné dans le discours, autre que celui qui parle et celui à qui l'on parle,

46. Les personnatifs de troisième personne ou *visubstantifs personnatifs* représentent un ou plusieurs substantifs et en épargnent la répétition ou l'emploi.

Voici la liste des visubstantifs :

Il, elle, le, la, lui ; ils, elles, les, eux, leurs ;

Se, soi, soi-même ; en, y.

Le mien, la mienne, le tien, la tienne, le sien, la sienne, le nôtre, la nôtre, le vôtre, la vôtre ; le leur, la leur ; les miens, les miennes, les tiens, les tiennes, les siens, les siennes, les nôtres. les vôtres, les leurs.

Ce, celui, celle ; ceux, celles ; celui-ci, celle-ci, celui-là, celle-là, ceci, cela ; ceux-ci, celles-ci, ceux-là, celles-là.

Qui, quiconque, que, quoi, dont ; où, d'où, par où ; lequel, laquelle, duquel, auquel ; lesquels, lesquelles, desquels, desquelles, auxquels, auxquelles.

47. Le *verbe* est un mot variable par lequel on déclare que tel ou tel être existe, est dans tel état, possède ou agit.

Être, être bon, avoir, marcher, éprouver, sont des verbes.

48. On reconnaît un verbe en y appliquant la définition, ou en le faisant précéder de l'un des mots *je, tu, il* ou *elle, nous, vous, ils* ou *elles.*

49. Le *participe* est un mot variable qui participe, c'est-à-dire, qui tient du verbe et du qualificatif.

Frappant, frappé, sont des participes.

50. La *préposition* est un mot invariable qui exprime un rapport entre deux termes faisant partie soit du sujet, soit de l'attribut.

Voici le tableau des prépositions :

À,	Devant,	Pendant,
Après,	Devers,	Pour,
Avant,	Durant,	Près,
Avec,	En,	Proche,
Chez,	Entre,	Sans,
Contre,	Envers,	Selon.
Dans,	Malgré,	Sous,
De,	Outre,	Suivant,
Depuis,	Par,	Sur,
Derrière,	Pardevers,	Touchant,
Dès,	Parmi,	Vers.

51. L'*adverbe* est un mot invariable qu'on joint soit à un qualificatif, soit à un verbe attributif, soit à un autre adverbe pour les modifier.

Il équivaut à un substantif précédé d'une préposition.

Liste des adverbes :

Ailleurs,	Dehors,	Là,
Alentour,	Déjà,	Loin,
Alors,	Demain,	Longtemps.
Assez,	Désormais,	Lors,
Aujourd'hui,	Dessous,	Maintenant.
Auparavant,	Dessus,	Mal,
Auprès,	Dorénavant.	Mieux,
Aussi,	En,	Moins,
Aussitôt,	Encore,	Naguère) il y a
Autant,	Enfin,	ou) peu de
Autrefois,	Ensemble,	Naguères,) temps.
Autrement,	Ensuite,	Ne,
Beaucoup,	Environ,	Néanmoins,
Bien,	Exprès,	Non,
Bientôt,	Fort,	Où,
Çà,	Guère ou guères,	Parfois,
Céans (ici dedans),	Hier,	Partant (par consé-
Cependant,	Ici,	Partout, [quent).
Certes,	Incontinent(aussitôt)	Peu,
Davantage,	Jadis,	Pis,
Dedans.	Jamais,	Plus,

Plutôt,	Sitôt,	Toujours,
Pourtant,	Souvent,	Toutefois,
Presque,	Surtout,	Très,
Puis,	Tant,	Trop,
Quasi,	Tantôt,	Volontiers,
Quelquefois,	Tard,	Y.
Si,	Tôt,	

A cette liste, il faut ajouter un nombre considérable d'adverbes, formés d'adjectifs et terminés en *ment*, tels que *poliment, cruellement, méchamment*.

52. La conjonction est un mot invariable qui exprime un rapport entre deux propositions.

Liste des conjonctions :

Car,	Lorsque,	Puisque,
Combien,	Mais,	Quand,
Comme,	Ni,	Que,
Comment,	Or,	Quoique,
Donc,	Ou,	Si.
Et,	Pourquoi,	

53. L'interjection est un mot invariable, au moyen duquel nous exprimons d'un seul jet les affections vives et subites de notre âme.

Tableau des interjections :

Ah !	Holà !	Ouais !
Ahi !	Ho !	Ouf !
Bah !	Hem !	Paf !
Chut !	Hein !	Parbleu !
Crac !	Hihi !	Pouah !
Eh !	Hu !	Pouf !
Fi !	Hum !	St !
Ha !	Hé !	Sus !
Hélas !	O !	Zest !
Heu !	Oh !	

54. Les neuf premières classes de mots peuvent se réduire à trois, savoir : les mots qui désignent les êtres, les substances (le *substantif* et le *personnatif*); les mots qui peignent les manières d'être (le *qualificatif*, le *prédéterminatif*, le *participe* et l'*adverbe*), et

ceux qui marquent des rapports (le *verbe*, la *préposition* et la *conjonction*). Les premiers s'appellent d'un nom général *substantifs* ; les seconds, *modificatifs* ou *adjectifs*, et les troisièmes, *connectifs*.

55. L'*interjection* exprime à elle seule toute une pensée.

CHAPITRE II.

DES MOTS VARIABLES.

Du Substantif.

56. On divise les *substantifs* en *substantifs propres* ou *individuels*, et en *substantifs communs*.

57. Le *substantif propre* est celui dont la destination est de désigner un seul individu.

EXEMPLES : Clovis, Bucéphale, Notre-Dame.

58. Le *substantif commun* est celui qui convient à chaque individu d'une même classe.

EXEMPLES : roi, cheval, église.

59. Parmi les substantifs communs, on appelle *collectifs* ceux qui, bien qu'au singulier, désignent une réunion d'individus de même espèce.

EXEMPLES : troupe, foule, amas.

60. On appelle *substantifs composés* ceux qui sont formés de plusieurs mots réunis par des traits d'union.

EXEMPLES : essuie-mains, chef-d'œuvre, tête-à-tête.

61. On appelle *substantifs indéfinis* ceux dont la signification est vague, indéterminée. Ces substantifs sont : *On, quiconque, quelqu'un, chacun, autrui*.

VARIABILITÉ DU SUBSTANTIF.

62. Les *substantifs* ont des formes ou des terminaisons différentes, suivant le sexe des êtres dont ils sont les signes, et suivant qu'ils expriment un ou plusieurs êtres.

DU GENRE DES SUBSTANTIFS.

63. Le *genre* est l'expression du *sexe*.

64. Les êtres animés sont partagés en deux sexes, les *mâles* et les *femelles* ; les substantifs sont également divisés en deux genres, le *masculin* et le *féminin*.

65. Il y a des êtres dont les deux sexes s'expriment par des mots entièrement différents.

Homme,	Femme.
Bélier,	Brebis.
Bouc,	Chèvre.
Cerf,	Biche.

66. Il y a des substantifs masculins dont la terminaison seulement change au féminin.

Lion,	Lionne.
Loup,	Louve.
Chevreuil,	Chevrelle ou Chevrette.
Paon,	Paone.
Faisan,	Faisanne.
Nègre,	Négresse.
Larron,	Larronnesse.
Suisse,	Suissesse.

67. Il y a des substantifs masculins qui s'appliquent aussi bien aux femelles qu'aux mâles : l'*éléphant*, le *rhinocéros*, l'*écureuil*, le *brochet*, le *requin*, le *taon*.

68. Il y a des substantifs féminins qui s'appliquent aussi bien aux mâles qu'aux femelles : la *baleine*, la *bécassine*, la *cigogne*, la *fauvette*, la *girafe*, la *perruche*.

69. Par imitation, on a donné le genre masculin

ou le genre féminin à un grand nombre de substantifs, quoique les substances dont ils expriment l'idée n'aient point de sexe. Ainsi l'on a fait masculins, *soleil, ciel, air, océan, temps*; et féminins, *lune, terre, ville, patrie, vertu*.

DU NOMBRE DES SUBSTANTIFS.

70. Le *nombre* est l'expression de l'unité ou de la pluralité.

71. Il y a deux nombres : le *singulier*, qui désigne un seul être, et le *pluriel*, qui en désigne deux ou un plus grand nombre.

FORMATION DU PLURIEL DANS LES SUBSTANTIFS.

72. RÈGLE GÉNÉRALE. Pour former le pluriel des substantifs on ajoute un *s* à la fin du mot : un *écolier*, des *écoliers*; un *éléphant*, des *éléphants*; un *gant*, des *gants*; une *dent, des dents*; un *centime*, des *centimes*.

73. PREMIÈRE EXCEPTION. Les deux nombres sont semblables dans tous les substantifs qui finissent par un *s*, par un *x* ou par un *z* : le *lis*, les *lis*; le *lambris*, les *lambris*; le *panaris*, les *panaris*; le *remords*, les *remords*; la *croix*, les *croix*; le *nez*, les *nez*; un *rez-de-chaussée*, des *rez-de-chaussée*.

74. DEUXIÈME EXCEPTION. Les substantifs terminés par *eau* (e a u), par *au* (a u) et par *eu*, prennent au pluriel un *x* au lieu d'un *s* : le *lapereau*, les *lapereaux*; le *perdreau*, les *perdreaux*; le *gluau*, les *gluaux*; l'*étau*, les *étaux*; le *milieu*, les *milieux*; l'*enjeu*, les *enjeux*; l'*aveu*, les *aveux*, etc., etc.

75. Il n'y a que les mots, soit substantifs, soit qualificatifs, se terminant en *eau* (e a u) au singulier, qui prennent l'*e* au pluriel.

76. TROISIÈME EXCEPTION. Les sept substantifs suivants en *ou* prennent également un *x* au lieu d'un

s : le *bijou*, les *bijoux*; le *caillou*, les *cailloux*; le *chou*, les *choux*; le *genou*, les *genoux*; le *hibou*, les *hiboux*; le *joujou*, les *joujoux*; le *pou*, les *poux*.

77. QUATRIÈME EXCEPTION. Les substantifs terminés au singulier par *al*, ont leur pluriel en *aux*, comme *arsenal*, *arsenaux*; *canal*, *canaux*; *cheval*, *chevaux*; *orignal* (espèce de cerf), *orignaux*; *cordial*, *cordiaux*; *local*, *locaux*.

78. Les substantifs suivants, 1° *aval* (endossement d'un billet), *bal*, *cal* (durillon), *cantal* (fromage), *carnaval*, *nopal* (plante), *pal* (pieu), *régal*; 2° *chacal*, *serval* et autres noms d'animaux à l'exception de *cheval* et d'*orignal*, suivent la règle générale, c'est-à-dire que leur finale prend un *s* au pluriel.

79. CINQUIÈME EXCEPTION. Huit substantifs en *ail* ont également leur pluriel en *aux* : le *bail*, les *baux*; le *corail*, les *coraux*; l'*émail*, les *émaux*; le *soupirail*, les *soupiraux*; le *vantail*, v a n (battant d'une porte), les *vantaux*; le *ventail*, v e n (partie inférieure d'un casque), les *ventaux*; le *vitrail* (grande fenêtre d'église), les *vitraux*; le *travail*, les *travaux*.

80. Le pluriel d'*ail* est *aulx*.

81. On dit le *bétail* et les *bestiaux*.

82. *Travail* fait au pluriel *travails*, 1° lorsqu'il signifie *compte rendu au roi par chacun de ses ministres* ou *à un ministre par chacun de ses chefs de division*; 2° lorsqu'il veut dire *machine pour ferrer les chevaux vicieux*.

83. *Ciel* fait au pluriel *cieux*; mais on dit des *ciels de lits*, des *ciels de carrières*, des *ciels de tableaux*.

84. *OEil* fait *yeux*; mais on dit des *œils-de-bœuf* (fenêtres rondes ou ovales).

85. *Aïeul* fait *aïeux* (ancêtres) et *aïeuls* (le grand-père paternel et le grand-père maternel).

86. On n'emploie jamais au pluriel les noms des métaux, *or, argent, fer*; les noms des vertus habituelles, telles que la *charité*, la *pudeur*, le *courage*. Il en est de même des signes de plusieurs idées que l'esprit est naturellement porté à regarder comme singulières : *faim, soif, sommeil, sang, jeunesse*.

87. Quelques mots n'ont point de singulier : *matines, nones, vêpres, ténèbres, funérailles, obsèques*. Ces deux derniers mots ont à peu près le même sens.

CHAPITRE III.

Du Qualificatif.

VARIABILITÉ DU QUALIFICATIF.

88. Le qualificatif n'a par lui-même ni genre ni nombre : il est sujet à des changements de terminaison relatifs au genre et au nombre du substantif ou des substantifs auxquels il est ajouté ou auxquels il se rapporte.

FORMATION DU FÉMININ DANS LES QUALIFICATIFS.

89. Première règle. Les qualificatifs terminés par un *e* muet ne changent pas du masculin au féminin ; tels sont *honnête, utile, agréable*.

90. Deuxième règle. Quand les qualificatifs sont terminés par une consonne ou par une voyelle autre que l'*e* muet, on y ajoute un *e* muet pour former leur féminin : *sain, pur, sensé, poli*, etc. ; *saine, pure, sensée, polie*, etc.

91. PREMIÈRE EXCEPTION A LA DEUXIÈME RÈGLE. Quand les qualificatifs sont terminés en *el, eil, et, en, on,* la consonne finale se double devant l'*e* muet : *cruel, cruelle ; pareil, pareille ; ancien, ancienne ; muet, muette ; bon, bonne.*

92. *Complet, concret, discret, secret, inquiet, replet,* remplacent au féminin la réduplication de la consonne par un accent grave : *complète, concrète, discrète, secrète, inquiète, replète.*

Prêt fait *prête* régulièrement.

93. *Nul, gentil, bellot, sot, vieillot ; bas, gras, las, épais, gros, exprès, profès* (qui a fait des vœux), font au féminin *nulle, gentille, bellotte, sotte, vieillotte ; basse, grasse, lasse, épaisse, grosse, expresse, professe.*

94. Les qualificatifs *fou, mou, beau, nouveau, vieux,* forment leur féminin *folle, molle, belle, nouvelle, vieille,* du masculin *fol, mol, bel, nouvel, vieil* dont on fait usage devant un mot qui commence par une voyelle ou par un *h* muet.

95. *Jouvenceau* fait *jouvencelle. Jumeau* fait *jumelle.*

96. DEUXIÈME EXCEPTION A LA DEUXIÈME RÈGLE. Les qualificatifs en *eur,* formés d'un participe par le changement de *ant* en *eur,* font *euse* au féminin.

Connaissant, connaisseur, connaisseuse.

Trompant, trompeur, trompeuse.

Chantant, chanteur, chanteuse.

Cantatrice se dit d'une artiste qui a une grande réputation dans l'art du chant.

Chassant, chasseur, chasseuse et *chasseresse* dans le style poétique.

97. *Bailleur* de fonds (qui fournit de l'argent) fait *bailleresse ; demandeur* (qui forme une demande en justice), *demanderesse ; défendeur* (qui se défend contre le demandeur), *défenderesse ; enchanteur.*

enchanteresse ; pécheur (qui commet des péchés), *pécheresse ; vengeur, vengeresse.*

Le féminin de *gouverneur* est *gouvernante.*

98. *Débiteur, exécuteur, inspecteur, inventeur, persécuteur,* font au féminin *débitrice, exécutrice, inspectrice, inventrice, persécutrice.*

99. Troisième exception a la deuxième règle. Les qualificatifs en *teur* non dérivés d'un participe par le changement de *ant* en *eur,* changent *teur* en *trice* pour le féminin : *appréciateur, appréciatrice ; bienfaiteur, bienfaitrice; consolateur, consolatrice; dispensateur, dispensatrice.*

Ambassadeur fait *ambassadrice ; empereur, impératrice ;*

Serviteur fait *servante.*

100. Les mots en *eur* qui expriment des états, des qualités principalement applicables à des hommes, ne changent pas au féminin : *auteur, orateur.*

101. Ceux des qualificatifs en *eur* qui éveillent une idée d'opposition ou de comparaison, suivent la seconde règle, c'est-à-dire qu'ils prennent un *e* au féminin : *antérieur, antérieure ; citérieur* (qui est en deçà, de notre côté), *citérieure ; extérieur, extérieure ; inférieur, inférieure ; intérieur, intérieure; majeur, majeure ; meilleur, meilleure ; mineur, mineure ; postérieur, postérieure ; supérieur, supérieure ; ultérieur, ultérieure.*

102. Les qualificatifs en *eux* font *euse* au féminin: *heureux, heureuse ; vertueux, vertueuse,* etc.

103. Les qualificatifs en *f* changent cette consonne en *ve* : *bref, brève ; neuf, neuve,* etc.

104. *Doux, époux, faux, jaloux, préfix* (déterminé) et *roux,* font *douce, épouse, fausse, jalouse, préfixe* et *rousse.*

105. *Blanc, franc* (signifiant libre), *sec, frais,*

public, caduc, turc, grec, font *blanche, franche, sèche, fraîche, publique, caduque, turque, grecque.*

106. *Long, oblong, bénin, malin,* font *longue, oblongue, bénigne, maligne.*

107. *Absous, dissous* font *absoute, dissoute;* *devin* fait *devineresse ; favori, favorite ; coi* (tranquille), *coite ; tiers, tierce ; grognon* et *témoin* servent pour les deux genres.

Châtain, dispos, fat, résous n'ont pas de féminin.

FORMATION DU PLURIEL DANS LES QUALIFICATIFS.

108. Règle. Le pluriel des qualificatifs se forme, comme celui des substantifs, par l'addition d'un *s : grand, grands; patient, patients ; mou, mous ; grande, grandes ; patiente, patientes ; molle, molles.*

Cette règle est sujette à trois exceptions.

109. Première exception. Les qualificatifs terminés au singulier par *s* ou par *x*, ne changent point au pluriel masculin, tels sont *gras, gros, heureux ;* ils ressemblent en cela aux substantifs qui finissent par les mêmes lettres.

110. Deuxième exception. Pour former le pluriel des qualificatifs en *au*, on ajoute un *x* à la fin : ainsi *beau, jumeau, nouveau* font *beaux, jumeaux, nouveaux.*

111. *Hébreu* prend aussi un *x* au pluriel ; *bleu* prend un *s :* des jeux *hébreux,* des yeux *bleus.*

112. Troisième exception. On forme le pluriel masculin du plus grand nombre des qualificatifs terminés en *al,* en changeant cette terminaison en *aux : égal, égaux ; moral, moraux ; original, originaux; trivial, triviaux ; brutal, brutaux,* etc. On forme le pluriel masculin des suivants en y ajoutant un *s : fatal, fatals ; final, finals ; glacial, glacials ; matinal, matinals ; nasal, nasals ; naval, navals ; pascal, pascals ; théâtral, théâtrals.*

113. Le pluriel de *tout* (prédéterminatif et qualificatif) se forme en remplaçant le *t* final par un *s*.

DEGRÉS DE SIGNIFICATION DANS LES QUALIFICATIFS.

114. Il y a dans les qualificatifs trois degrés de
signification, savoir : le *positif*, le *comparatif* et le
superlatif.

115. Le *positif* exprime une qualité prise pour
terme de comparaison.

116. Outre la qualité, le *comparatif* exprime
encore le résultat d'une comparaison.

117. Quand on compare deux objets, on trouve
que l'un est ou supérieur ou inférieur ou égal à l'autre ; de là trois sortes de comparatifs : l'un de supériorité, l'autre d'infériorité et le troisième d'égalité.

118. *Meilleur* dont le positif est *bon*, *pire* dont
le positif est *mauvais*, *moindre* dont le positif est
petit, expriment par eux-mêmes des résultats de
comparaisons.

119. En général, dans la langue française, pour
marquer un comparatif de supériorité, on met *plus*
devant le qualificatif. Exemple : *Le Mont-Rose est*
plus élevé *que le Col-du-Géant.*

120. Pour marquer un comparatif d'infériorité,
l'on met *moins* ou *ne... pas si* devant le qualificatif.
Exemples : *Le Puy-de-Dôme est beaucoup* moins
élevé *que le Cantal* ; *le Cantal* n'est pas si *élevé que
le Mont-d'Or.*

121. Pour marquer un comparatif d'égalité, on
met *aussi* devant le qualificatif, comme dans cette
phrase : *Le Col-du-Géant est à peu près* aussi élevé
que le Mont-Perdu.

122. La conjonction *que* unit les deux termes des
trois degrés de comparaison.

123. Le *superlatif*, ou troisième degré de signification, est le qualificatif exprimant la qualité por-

tée à un *très-haut* ou à un *très-bas degré*, ou bien *au plus haut* ou *au plus bas degré* : dans le premier cas, il s'appelle *superlatif absolu* ; dans le second, *superlatif relatif.*

124. *Savantissime*, superlatif de *savant*, *illustrissime*, superlatif d'*illustre*, expriment par euxmêmes la qualité portée à un *très-haut degré.*

125. En général, pour former le superlatif, on met *très* ou *le plus* devant le qualificatif. EXEMPLE d'un superlatif absolu : *Le Mont-Rose* est TRÈS-ÉLEVÉ. EXEMPLES de superlatifs relatifs : *Le Mont-Blanc est le mont* LE PLUS ÉLEVÉ *de l'Europe*, *et le mont Valérien* LE PLUS PETIT.

CHAPITRE IV.

Du Prédéterminatif.

126. Il y a cinq sortes de *prédéterminatifs* : le *prédéterminatif simple*, les *adjectifs démonstratifs*, les *possessifs*, les *adjectifs de nombres définis* et les *adjectifs de nombres indéfinis.*

PRÉDÉTERMINATIF SIMPLE.

127. Le *Prédéterminatif simple* est *le* pour le masculin singulier ; *la* pour le féminin singulier, et *les* pour le pluriel des deux genres.

128. Le prédéterminatif simple est sujet à deux sortes de changements qui sont : l'*élision* et la *contraction.*

129. L'*élision* consiste dans la suppression de *e* dans *le*, de *a* dans *la*, quand le mot suivant commence par une voyelle ou par un *h* muet. On remplace la lettre retranchée par une apostrophe (').

Exemples : L'*enfant sage est heureux* (*l*'enfant pour *le* enfant).

L'*âme est immortelle* (*l*'âme pour *la* âme).
L'*homme pense* (*l*'homme pour *le* homme).

130. La *contraction* consiste dans la réunion du prédéterminatif *le*, *les*, et de l'une des prépositions *de*, *à*.

Au lieu de mettre *de le* devant un mot masculin singulier commençant par une consonne ou par un *h* aspiré, on met *du*; au lieu de *à le*, on met *au*.

Exemples :

Descends DU *haut des cieux, auguste Vérité* (*du* pour *de le*).

(Voltaire, 7e vers de la *Henriade*.)

Obéissez AU *maître* (*au* pour *à le*).

131. Les contractions *du*, *au*, n'ont lieu ni devant une voyelle ni devant un *h* muet.

132. *A la, de la* ne se contractent jamais.

133. Devant un substantif pluriel *de les* se changent toujours en *des*; *à les* se changent en *aux*.

Exemple :

AUX *petits* DES *oiseaux il donne leur pâture.*

(Racine, *Athalie*, acte 2, scène 7.)

Aux est la contraction de *à les*; *des* la contraction de *de les*.

ADJECTIFS DÉMONSTRATIFS.

134. Les *adjectifs démonstratifs*, outre qu'ils individualisent les substantifs devant lesquels ils sont placés, expriment encore une idée de désignation ou d'indication.

Ce, cet signifient *le...* ⎫	*que je montre,*	
Cette *la...* ⎬	*qui est ici ou là.*	
Ces *les...*	*que je montre, qui sont ici ou là.*	

135. *Ce* se met devant les subtantifs masculins qui

commencent par une consonne ou un *h* aspiré ; *cet*
(*c e t*) se met devant les substantifs masculins qui
commencent par une voyelle ou un *h* muet ; devant
les substantifs féminins, on met *cette* (*c e t t e*), soit
que le substantif commence par une voyelle ou par
une consonne.

ADJECTIFS POSSESSIFS.

136. Les *adjectifs possessifs* ne réduisent pas seulement les substantifs qu'ils précèdent à signifier un
ou plusieurs individus, ils portent encore à l'esprit
une idée de possession.

Mon signifie *le ou la...* *de moi* ou *appartenant à moi.*
Ton.............. *de toi ....* *à toi.*
Son.. .... { *de soi* / *de lui* / *d'elle* } *..........* { *à soi.* / *à lui.* / *à elle.* }

Mon, *ton*, *son* s'emploient au féminin devant
une voyelle ou un *h* muet.

Ma signifie *la......* *de moi* ou *appartenant à moi.*
Ta......... *de toi..........* *à toi.*
Sa.......... { *de soi* / *de lui* / *d'elle* } *.........* { *à soi.* / *à lui.* / *à elle.* }

Notre signifie *le ou la...* *de nous* ou *appartenant à nous.*
Votre......... *de vous.........* *à vous.*
Leur.......... { *de soi* / *d'eux* / *d'elles* } *.........* { *à soi.* / *à eux.* / *à elles.* }

Mes signifie *les........* *de moi* ou *appartenant .. à moi.*
Tes .... *de toi ....* *à toi.*
Ses.......... { *de soi* / *de lui* / *d'elle* } *..........* { *à soi.* / *à lui.* / *à elle.* }

Nos signifie *les......* *de nous* ou *appartenant à nous.*
Vos......... *de vous.........* *à vous.*
Leurs......... { *de soi* / *d'eux* / *d'elles* } *..........* { *à soi.* / *à eux.* / *à elles.* }

ADJECTIFS DE NOMBRES DÉFINIS.

137. Les *adjectifs de nombres définis* sont de deux sortes : les *cardinaux* et les *ordinaux*. Les premiers marquent avec précision le nombre, la quantité ; les seconds, l'ordre, le rang.

Cardinal veut dire *principal*.

138. Les adjectifs de nombres cardinaux sont : *un, deux, trois, quatre, cinq, six, sept, huit, neuf, dix, onze, douze, treize, quatorze, quinze, seize, dix-sept, dix-huit, dix-neuf, vingt, trente, quarante, cinquante, soixante, soixante-dix, quatre-vingts, quatre-vingt-dix, cent, mille.*

139. Dans plusieurs parties de la France, on remplace les dénominations composées *soixante-dix, quatre-vingts* et *quatre-vingt-dix*, par les mots *septante, octante* et *nonante.*

140. *Un* est le seul adjectif cardinal qui prenne la marque du féminin.

141. *Un, cent* et *vingt* sont les seuls adjectifs cardinaux qui prennent la marque du pluriel.

142. On forme les *adjectifs de nombres ordinaux* des cardinaux, en ajoutant à ceux-ci la terminaison *ième* lorsqu'ils finissent par une consonne, et en changeant l'*e* muet final en *ième* lorsqu'ils se terminent par un *e* muet. Ainsi de *un, deux, trois, cent*, se forment *unième (vingt et unième), deuxième, troisième, centième*, par l'addition de la terminaison *ième* ; et de *quatre, douze, trente, mille*, on forme *quatrième, douzième, trentième, millième*, en substituant à l'*e* muet final la terminaison *ième.*

ADJECTIFS DE NOMBRES INDÉFINIS.

143. Les *adjectifs de nombres indéfinis* marquent aussi le nombre, la quantité, mais d'une manière vague, indéterminée. Ce sont : *un, une ; cha-*

*que, nul , certain , aucun, tout, quelque, maint,
plusieurs.*

Un *nègre est homme,* c'est-à-dire, tel ou tel nègre
indifféremment, un nègre quelconque est homme,
appartient à l'espèce humaine.

Chaque *homme a ses défauts ,* c'est-à-dire, les
hommes pris séparément, un à un, ont leurs défauts.

144. Le pluriel de *tout* (prédéterminatif et qualificatif) se forme en remplaçant le *t* final par un *s*.

CHAPITRE V.

Du Personnatif.

145. Les *personnatifs de la première personne* et
ceux de la *seconde* sont des deux genres.

PERSONNATIFS DE LA TROISIÈME PERSONNE
OU VISUBSTANTIFS.

146. On distingue quatre sortes de visubstantifs :
les *visubstantifs simples,* les *démonstratifs,* les
possessifs et les *conjonctifs.*

147. Le visubstantif *simple* remplace un substantif et exprime le troisième rôle.

EXEMPLE :

Dieu est juste : IL *récompensera les bons et pu-
nira les méchans.* Il *représente* Dieu et exprime le
troisième rôle.

SINGULIER.		PLURIEL.	
Masculin.	*Féminin.*	*Masculin.*	*Féminin.*
Il.	Elle.	Ils.	Elles.
Le.	La.	Eux.	
Lui, des deux genres.		Les Leur	}des deux genres.

Se, soi, en, y sont des deux genres et des deux nombres.

On appelle *se, soi* des visubstantifs *réfléchis*.

148. Le visubstantif *démonstratif* tient lieu d'un substantif et exprime une idée d'indication.

EXEMPLE :

Le fabricateur souverain
Nous créa besaciers tous de même manière,
Tant CEUX du temps passé que du temps d'aujourd'hui.
(La Fontaine, *La Besace.*)

Ceux, c'est-à-dire *les hommes* que La Fontaine nous montre dans le temps passé et dans le temps présent.

SINGULIER.		PLURIEL.	
Masculin.	*Féminin.*	*Masculin.*	*Féminin.*
Ce.			
Celui.	Celle.	Ceux.	Celles.
Celui-ci.	Celle-ci.	Ceux-ci.	Celles-ci.
Celui-là.	Celle-là.	Ceux-là.	Celles-là.
Ceci.			
Cela.			

149. Le visubstantif *possessif* rappelle un substantif et y ajoute une idée de possession.

EXEMPLE :

Nous n'écoutons d'instincts que ceux qui sont LES NÔTRES.
(La Fontaine, *L'Hirondelle et les petits Oiseaux.*)

Les nôtres, c'est-à-dire, *les instincts nôtres.*

SINGULIER.		PLURIEL.	
Masculin.	*Féminin.*	*Masculin.*	*Féminin.*
Le mien.	La mienne.	Les miens.	Les miennes.
Le tien.	La tienne.	Les tiens.	Les tiennes.
Le sien.	La sienne.	Les siens.	Les siennes.
		Pluriel des deux genres.	
Le nôtre.	La nôtre.	Les nôtres.	
Le vôtre.	La vôtre.	Les vôtres.	
Le leur.	La leur.	Les leurs.	

150. Le visubstantif *conjonctif* a rapport à un substantif précédent qu'on peut toujours mettre à sa place, et il renferme une idée d'union.

Le substantif qui précède le visubstantif s'appelle son *antécédent*.

EXEMPLE :

La foi QUI n'agit point, est-ce une foi sincère ?
(Racine, *Athalie*, acte 1, scène 1re.)

Qui pour *laquelle foi. Foi* est l'antécédent de *qui.*

SINGULIER.		PLURIEL.	
Masculin.	*Féminin.*	*Masculin.*	*Féminin.*
Lequel.	Laquelle.	Lesquels.	Lesquelles.
Duquel.		Desquels.	Desquelles.
Auquel.		Auxquels.	Auxquelles.

Qui, que, quoi, dont, où servent pour les deux genres et les deux nombres.

151. Tout substantif, autre que les personnatifs *je, me, moi, nous, tu, te, toi, vous,* est de la troisième personne.

CHAPITRE VI.

Du Verbe.

152. Il n'y a, à proprement parler, qu'un verbe, qui est le verbe *être*. Les autres mots auxquels on donne ce nom, ne sont verbes que parce qu'en décomposant leur signification on obtient l'idée exprimée par le verbe *être*, et comme ils renferment de plus un attribut, on les appelle *verbes attributifs : aller*, c'est *être allant; sentir,* c'est *être sentant.*

DES DIFFÉRENTES SORTES DE VERBES ATTRIBUTIFS.

153. Les *verbes attributifs* se divisent en *transitifs actifs, intransitifs, passifs, réfléchis* et *unipersonnels.*

154. Le verbe *transitif actif* est celui dont l'action faite par le sujet tombe ou peut tomber directement sur un objet quelconque.

On reconnaît qu'un verbe est transitif quand on peut placer immédiatement après lui *quelqu'un* ou *quelque chose.*

Exemple : *Jeanne d'Arc* sauva *la France.* L'action de *sauver* faite par le sujet *Jeanne d'Arc* tombe directement sur l'objet *France.*

On peut dire *sauver quelqu'un.*

155. Le *verbe intransitif* est celui dont l'action est concentrée dans le sujet, ou ne tombe qu'indirectement sur un objet quelconque.

On reconnaît qu'un verbe est intransitif quand on ne peut placer immédiatement après lui *quelqu'un* ou *quelque chose.*

EXEMPLES :

Les plantes végètent. L'action exprimée par *végéter* ne tombe sur aucun objet.

L'enfant docile obéit *à son maître.* Entre *obéir* et *maître,* il y a une préposition.

Quelqu'un ni *quelque chose* ne peuvent être immédiatement placés après *végéter* ni après *obéir.*

156. Les verbes transitifs peuvent avoir quelquefois une signification *intransitive,* comme dans cette phrase où manger est employé sans que l'action exprimée par ce verbe ait d'objet : *Il faut* manger *pour vivre, et non pas vivre pour* manger.

157. Le *verbe passif* est l'opposé du verbe actif : il marque l'état du sujet qui subit une action.

Exemple : *La France* fut sauvée *par Jeanne d'Arc.*

158. Un *verbe* est *réfléchi* quand l'action qu'il exprime tombe sur l'être même qui agit.

Exemple : *Narcisse* se mira *dans les eaux..* Narcisse mira, regarda Narcisse.

Les verbes réfléchis se conjuguent avec deux personnatifs de même personne.

159. On distingue deux espèces de verbes réfléchis : les *directs* et les *indirects*.

160. Les verbes *réfléchis directs* sont ceux dont l'équivalent du second personnatif peut se placer immédiatement après le verbe.

EXEMPLE : *Je me flatte. Moi* équivalent de *me* peut se mettre immédiatement après le verbe ; le sens permet de dire : *Je flatte* MOI.

161. Les verbes *réfléchis indirects* sont ceux dont l'équivalent du second personnatif ne peut se placer après le verbe sans être précédé d'une préposition.

EXEMPLE : *Il se nuit. Soi* équivalent de *se* ne peut se placer après le verbe sans être précédé de la préposition *à;* le sens veut qu'on dise : *Il nuit à* SOI.

162. On appelle verbes *réfléchis essentiels* ceux qui ne peuvent se conjuguer qu'avec deux personnatifs de même personne ; les autres ne sont qu'*accidentellement* réfléchis.

Il est impossible de conjuguer *se repentir* sans la répétition du personnatif ; *aimer* peut, au contraire, se conjuguer avec ou sans cette répétition : le premier est *réfléchi essentiel; s'aimer* est un verbe *réfléchi accidentel.*

163. La forme réfléchie sert encore pour exprimer la passivité du sujet, comme dans cette phrase : *cette marchandise se débitera;* ou la réciprocité d'action de plusieurs sujets, comme dans celle-ci : *les Français et les Arabes se battent.*

164. Les verbes *unipersonnels* ne s'emploient dans tous leurs temps qu'à la troisième personne du singulier, et sont toujours accompagnés de *il* renfermant un sens vague.

EXEMPLE : Il pleut, il neige, il tonne.

165. Les verbes intransitifs, les verbes passifs et

les verbes réfléchis s'emploient accidentellement comme verbes unipersonnels : *il paraît* un ouvrage nouveau ; *il a été fait* des recherches partout ; *il se trame* un complot.

VARIABILITÉ DU VERBE.

166. Le verbe est sujet à quatre espèces de *modifications*. Ces modifications sont des changemens de formes ou de terminaisons relatifs au *nombre*, à la *personne*, au *mode* et au *temps*.

DU NOMBRE.

167. Un verbe est au singulier quand il se dit d'un seul être, et il est au pluriel quand il se dit de plusieurs êtres. Verbes au singulier : *je solfie, tu vocalises, elle chante*. Verbes au pluriel : *nous solfions, vous vocalisez, elles chantent*

DE LA PERSONNE.

168. Les verbes, outre les personnatifs dont ils sont généralement précédés dans leur conjugaison, ont encore des lettres finales qui expriment celui des trois rôles que le sujet remplit dans le discours : *je finis, tu finis, elle finiT, nous finissONS vous finissEZ, elles finissENT.*

DU MODE.

169. Le mot *mode* signifie manière. On a donné ce nom à diverses formes du verbe qui servent à exprimer les différentes manières dont l'âme est affectée quand on parle. Il y a cinq modes, qui sont : l'*affirmatif*, le *conditionnel*, l'*impératif*, le *subjonctif* et l'*indéfini*.

170. L'*affirmatif* sert à énoncer un jugement d'une manière positive, absolue : *la terre* TOURNE.

171. Le *conditionnel* fait dépendre d'une condition ou d'une supposition le jugement qu'on énonce : *si les enfants entendaient bien leur intérêt*, ILS TRAVAILLERAIENT *avec ardeur*.

172. L'*impératif* revêt le jugement de la forme du commandement, de l'exhortation ou de la prière : soyez *tout entiers à ce que vous faites*.

173. Le *subjonctif* dépend toujours d'un autre verbe qui exprime la possibilité, la nécessité, le doute, le désir, la crainte ou la volonté : *Il est possible que la lune* soit *habitée*. En général, le subjonctif exprime toujours quelque chose d'incertain.

174. Le *mode indéfini* exprime un jugement d'une manière indéterminée, et dès lors sans aucun rapport exprimé de nombres ni de personnes :

A vaincre sans péril, on triomphe sans gloire.
(Corneille, *le Cid*, acte 2, scène 2.)

175. On appelle *modes personnels* ceux où le verbe se termine par des lettres relatives à l'une des trois personnes ; ces modes sont : l'*affirmatif*, le *conditionnel*, l'*impératif* et le *subjonctif*. L'*indéfini* n'exprimant aucun rapport de personnes, s'appelle *mode impersonnel*.

DU TEMPS.

176. Le *temps* est une modification verbale destinée à indiquer à quelle partie de la durée répond l'existence, l'état ou l'action qu'on attribue au sujet.

177. La durée se divise en trois parties ou époques : le moment où l'on est actuellement, celui où l'on n'est plus, et celui où l'on n'est pas encore ; de là trois temps : le *présent*, le *passé* et le *futur*.

178. On a imaginé six formes pour le *passé* et deux pour le *futur*. Nous n'en avons qu'une pour le *présent*.

179. Les temps se divisent en *temps simples* et en *temps composés*. Les temps simples sont ceux qui sont exprimés en un seul mot ; et les temps composés, ceux qui sont formés d'*avoir* ou d'*être*, et d'un participe passif.

180. Parmi les temps simples, il y en a cinq qu'on

appelle *temps primitifs*, parce qu'ils servent à former les autres temps, et qu'ils ne sont formés eux-mêmes d'aucun autre ; ce sont le *temps simple du mode indéfini*, le *participe actif*, le *participe passif*, le *présent du mode affirmatif* et le *passé défini* du même mode.

181. Les temps formés des temps primitifs se nomment *temps dérivés*.

182. Ecrire ou réciter un verbe avec toutes ses terminaisons relatives aux modes, aux temps, aux nombres et aux personnes, c'est ce qu'on appelle *conjuguer*.

183. Il y a en français quatre conjugaisons différentes que l'on distingue par la terminaison du temps simple de l'indéfini.

184. La première conjugaison a le temps simple de l'indéfini terminé en *er*, comme *chanter ;*

La deuxième en *ir*, comme *emplir ;*

La troisième en *oir*, comme *recevoir ;*

La quatrième en *re*, comme *rendre.*

185. Les verbes *avoir* et *être* servant à conjuguer tous les autres verbes dans leurs temps composés, on commence par la conjugaison de ces deux verbes, bien qu'ils soient irréguliers.—Les verbes irréguliers sont ceux qui ne se conjuguent pas comme le modèle de la conjugaison à laquelle ils appartiennent.

VERBE *AVOIR* (1).

AFFIRMATIF.	Il ou elle a.
PRÉSENT. Maintenant,	Nous av*ons*.
J'ai.	Vous av*ez*.
Tu a*s*.	Ils ou elles *ont*.

(1) Lorsque les élèves conjugueront le verbe *avoir* oralement, ils le feront suivre d'un complément commençant par une voyelle, ils diront par exemple : *J'ai un livre, tu as un livre*, etc.

IMPARFAIT. Quand j'étais plus petit,

J'av*ais*.
Tu av*ais*.
Il ou elle av*ait*.
Nous av*ions*.
Vous av*iez*.
Ils ou elles av*aient*.

PASSÉ DÉFINI. Hier,

J'*eus*.
Tu *eus*.
Il ou elle *eut*.
Nous *eûmes*.
Vous *eûtes*.
Ils ou elles *eurent*.

PASSÉ INDÉFINI. Aujour-d'hui,

J'ai *eu*.
Tu as *eu*.
Il ou elle a *eu*.
Nous av*ons* *eu*.
Vous avez *eu*.
Ils ou elles *ont* *eu*.

PASSÉ ANTÉRIEUR. Quand *ou* lorsque

J'*eus* *eu*.
Tu *eus* *eu*.
Il ou elle *eut* *eu*.
Nous *eûmes* *eu*.
Vous *eûtes* *eu*.
Ils ou elles *eurent* *eu*.

Point de Passé antérieur surcomposé.

PLUS-QUE-PASSÉ. Quand on vint,

J'av*ais* *eu*.
Tu av*ais* *eu*.
Il ou elle av*ait* *eu*.
Nous av*ions* *eu*.
Vous av*iez* *eu*.
Ils ou elles av*aient* *eu*.

FUTUR SIMPLE. Demain,

J'au*rai*.
Tu au*ras*.
Il ou elle au*ra*.

Nous au*rons*.
Vous au*rez*.
Ils ou elles au*ront*.

FUTUR COMPOSÉ. Je serai content, quand

J'au*rai* *eu*.
Tu au*ras* *eu*.
Il ou elle au*ra* *eu*.
Nous au*rons* *eu*.
Vous au*rez* *eu*.
Ils ou elles au*ront* *eu*.

CONDITIONNEL.

TEMPS SIMPLE. Si j'étais sage,

J'au*rais*.
Tu au*rais*.
Il ou elle au*rait*.
Nous au*rions*.
Vous au*riez*.
Ils ou elles au*raient*.

TEMPS COMPOSÉ. Si j'avais été sage,

J'au*rais* *eu*.
Tu au*rais* *eu*.
Il ou elle au*rait* *eu*.
Nous au*rions* *eu*.
Vous au*riez* *eu*.
Ils ou elles au*raient* *eu*.

On dit aussi : Si j'eusse été sage,

J'*eusse* *eu*.
Tu *eusses* *eu*.
Il ou elle *eût* *eu*.
Nous *eussions* *eu*.
Vous *eussiez* *eu*.
Ils ou elles *eussent* *eu*.

IMPÉRATIF.

Point de première personne du singulier ni de troisième pour les deux nombres.

Aie.
Ayons.
Ayez.

SUBJONCTIF.

PRÉSENT OU FUTUR. Il faut, il faudra

Que j'ai*e*.
Que tu ai*es*.
Qu'il ou qu'elle ai*t*.
Que nous a*yons*.
Que vous a*yez*.
Qu'ils ou qu'elles ai*ent*.

IMPARFAIT. Il fallait, il fallut, il faudrait

Que j'*eusse*.
Que tu *eusses*.
Qu'il ou qu'elle *eût*.
Oue nous *eussions*.
Que vous *eussiez*.
Qu'ils ou qu'elles *eussent*.

PASSÉ. Il a, il aura fallu

Que j'ai*e* e*u*.
Que tu ai*es* eu.
Qu'il ou qu'elle ai*t* eu.
Que nous a*yons* eu.
Que vous a*yez* eu.
Qu'ils ou qu'elles ai*ent* eu.

PLUS-QUE-PASSÉ. Il avait, il aurait *ou* il eût fallu

Que j'*eusse* eu.
Que tu *eusses* eu.
Qu'il ou qu'elle e*ût* eu.
Que nous e*ussions* eu.
Que vous e*ussiez* eu.
Qu'ils ou qu'elles e*ussent* eu.

MODE INDÉFINI.

TEMPS SIMPLE.

A*voir*.

TEMPS COMPOSÉ.

A*voir* eu.

PARTICIPE ACTIF SIMPLE.

A*yant*.

PARTICIPE ACTIF COMPOSÉ.

A*yant* eu.

PARTICIPE PASSIF.

Un objet eu, une chose eue.

VERBE *ÊTRE*.

AFFIRMATIF.

PRÉSENT. Présentement

Je sui*s*.
Tu e*s*.
Il es*t*.
Elle es*t*.
Nous somme*s*.
Vous ête*s*.
Ils so*nt*.
Elles so*nt*.

IMPARFAIT. Autrefois

J'éta*is*.
Tu éta*is*.

Il ét*ait*.
Elle ét*ait*.
Nous ét*ions*.
Vous ét*iez*.
Ils ét*aient*.
Elles ét*aient*.

PASSÉ DÉFINI. La semaine passée,

Je f*us*.
Tu f*us*.
Il f*ut*.
Elle f*ut*.
Nous f*ûmes*.
Vous f*ûtes*.

Ils *furent.*
Elles *furent.*

PASSÉ INDÉFINI. Cette semaine,

J'ai *été.*
Tu as *été.*
Il a *été.*
Elle a *été.*
Nous av*ons* *été.*
Vous av*ez* *été.*
Ils *ont* *été.*
Elles *ont* *été.*

PASSÉ ANTÉRIEUR. Quand *ou*
lorsque

J'*eus* *été.*
Tu *eus* *été.*
Il *eut* *été.*
Elle *eut* *été.*
Nous e*ûmes* *été.*
Vous e*ûtes* *été.*
Ils *eurent* *été.*
Elles *eurent* *été.*

Point de Passé antérieur
surcomposé.

PLUS-QUE-PASSÉ. Quand on
entra

J'av*ais* *été.*
Tu av*ais* *été.*
Il av*ait* *été.*
Elle av*ait* *été.*
Nous av*ions* *été.*
Vous av*iez* *été.*
Ils av*aient* *été.*
Elles av*aient* *été.*

FUTUR SIMPLE. La semaine
prochaine,

Je *serai.*
Tu s*eras.*
Il s*era.*
Elle s*era.*
Nous s*erons.*
Vous s*erez.*
Ils s*eront.*
Elles s*eront.*

FUTUR COMPOSÉ. Quand *ou*
lorsque

J'aur*ai* *été.*
Tu aur*as* *été.*
Il aur*a* *été.*
Elle aur*a* *été.*
Nous aur*ons* *été.*
Vous aur*ez* *été.*
Ils aur*ont* *été.*
Elles aur*ont* *été.*

CONDITIONNEL.

TEMPS SIMPLE. Si telle chose
avait lieu,

Je *serais.*
Tu s*erais.*
Il s*erait.*
Elle s*erait.*
Nous s*erions.*
Vous s*eriez.*
Ils s*eraient.*
Elles s*eraient.*

TEMPS COMPOSÉ. Si telle chose
avait eu lieu,

J'aur*ais* *été.*
Tu aur*ais* *été.*
Il aur*ait* *été.*
Elle aur*ait* *été.*
Nous aur*ions* *été.*
Vous aur*iez* *été.*
Ils aur*aient* *été.*
Elles aur*aient* *été.*

On dit aussi : Si telle chose
eût eu lieu,

J'*eusse* *été.*
Tu *eusses* *été.*
Il *eût* *été.*
Elle *eût* *été.*
Nous *eussions* *été.*
Vous *eussiez* *été.*
Ils *eussent* *été.*
Elles *eussent* *été.*

IMPÉRATIF.

Point de première personne du singulier ni de troisième pour les deux nombres.

Sois.
Soyons.
Soyez.

SUBJONCTIF.

PRÉSENT OU FUTUR. Il se peut, il se pourra

Que je sois.
Que tu sois.
Qu'il soit.
Qu'elle soit.
Que nous soyons.
Que vous soyez.
Qu'ils soient.
Qu'elles soient.

IMPARFAIT. Il se pouvait, il se pourrait

Que je fusse.
Que tu fusses.
Qu'il fût.
Qu'elle fût.
Que nous fussions.
Que vous fussiez.
Qu'ils fussent.
Qu'elles fussent.

PASSÉ. Il a, il aura fallu

Que j'aie été.
Que tu aies été.

Qu'il ait été.
Qu'elle ait été.
Que nous ayons été.
Que vous ayez été.
Qu'ils aient été.
Qu'elles aient été.

PLUS-QUÉ-PASSÉ. Il avait, il aurait ou il eût fallu

Que j'eusse été.
Que tu eusses été.
Qu'il eût été.
Qu'elle eût été.
Que nous eussions été.
Que vous eussiez été.
Qu'ils eussent été.
Qu'elles eussent été.

MODE INDÉFINI.

TEMPS SIMPLE.

Être.

TEMPS COMPOSÉ.

Avoir été.

PARTICIPE ACTIF SIMPLE.

Étant.

PARTICIPE ACTIF COMPOSÉ.

Ayant été.

PARTICIPE PASSIF.

Été.

Adjectifs à joindre au verbe *être*, soit qu'on l'écrive, soit qu'on le conjugue de vive voix.

Accessible, affable, habile, honnête, immobile, infatigable, incorrigible, incorruptible, indocile, inhabile, insensible, utile. — *Absent, accommodant, imprudent, inconstant, indulgent, obligeant. Assidu, avisé, enrhumé, entendu* (intelligent), *érudit, étourdi.* — *Ambitieux, heureux.* — *Actif, atten-tif, inactif, oisif* (1).

185 *bis.* Lorsque *avoir* et *être* servent à conju-guer d'autres verbes, ils peuvent être appelés *verbes auxiliaires.*

PREMIÈRE CONJUGAISON EN *ER*.

AFFIRMATIF.

PRÉSENT. En ce moment,

Je chant*e.*
Tu chant*es.*
Il ou elle chant*e.*
Nous chant*ons.*
Vous chant*ez.*
Ils ou elles chant*ent.*

IMPARFAIT. Quand vous êtes entré,

Je chant*ais.*
Tu chant*ais.*
Il ou elle chant*ait.*
Nous chant*ions.*
Vous chant*iez.*
Ils ou elles chant*aient.*

PASSÉ DÉFINI. Le mois passé,

Je chant*ai.*
Tu chant*as.*
Il ou elle chant*a,*
Nous chant*âmes.*
Vous chant*âtes.*
Ils ou elles chant*èrent.*

PASSÉ INDÉFINI. Au commen-cement de ce mois,

J'ai chanté.
Tu as chanté.

Il ou elle a chanté.
Nous av*ons* chanté.
Vous av*ez* chanté.
Ils ou elles *ont* chanté.

PASSÉ ANTÉRIEUR. Quand *ou* lorsque

J'e*us* chanté.
Tu e*us* chanté.
Il ou elle e*ut* chanté.
Nous e*ûmes* chanté.
Vous e*ûtes* chanté.
Ils ou elles e*urent* chanté.

PASSÉ ANTÉRIEUR SURCOM-POSÉ. Quand *ou* lorsque

J'ai e*u* chanté.
Tu as e*u* chanté.
Il ou elle a e*u* chanté.
Nous av*ons* e*u* chanté.
Vous av*ez* e*u* chanté.
Ils ou elles *ont* e*u* chanté.

PLUS-QUE-PASSÉ. Quand vous sonnâtes,

J'av*ais* chanté.
Tu av*ais* chanté.
Il ou elle av*ait* chanté.
Nous av*ions* chanté.
Vous av*iez* chanté.
Ils ou elles av*aient* chanté.

(1) Autant que le sens le permettra, les élèves feront suivre chacun de ces adjectifs, dans la conjugaison orale, d'un mot commençant par une voyelle; ils diront, par exemple : *Je suis accessible à tout le monde..., nous sommes accessibles à tout le monde.*

FUTUR SIMPLE. La semaine prochaine,

Je chanterai.
Tu chanteras.
Il ou elle chantera.
Nous chanterons.
Vous chanterez.
Ils ou elles chanteront.

FUTUR COMPOSÉ. Je sortirai quand

J'aurai chanté.
Tu auras chanté.
Il ou elle aura chanté.
Nous aurons chanté.
Vous aurez chanté.
Ils ou elles auront chanté.

CONDITIONNEL.

TEMPS SIMPLE. Si telle chose avait lieu,

Je chanterais.
Tu chanterais.
Il ou elle chanterait.
Nous chanterions.
Vous chanteriez.
Ils ou elles chanteraient.

TEMPS COMPOSÉ. Si telle chose avait eu lieu,

J'aurais chanté.
Tu aurais chanté.
Il ou elle aurait chanté.
Nous aurions chanté.
Vous auriez chanté.
Ils ou elles auraient chanté.

On dit aussi : Si telle chose eût eu lieu,

J'eusse chanté.
Tu eusses chanté.
Il ou elle eût chanté.
Nous eussions chanté.
Vous eussiez chanté.
Ils ou elles eussent chanté.

IMPÉRATIF.

Point de première personne du singulier ni de troisième pour les deux nombres.

Chante.
Chantons.
Chantez.

SUBJONCTIF.

PRÉSENT OU FUTUR. On désire, on désirera

Que je chante.
Que tu chantes.
Qu'il ou qu'elle chante.
Que nous chantions.
Que vous chantiez.
Qu'ils ou qu'elles chantent.

IMPARFAIT. On désirait, on désira, on désirerait

Que je chantasse.
Que tu chantasses.
Qu'il ou qu'elle chantât.
Que nous chantassions.
Que vous chantassiez.
Qu'ils ou qu'elles chantassent.

PASSÉ. On a désiré, on aura désiré

Que j'aie chanté.
Que tu aies chanté.
Qu'il ou qu'elle ait chanté.
Que nous ayons chanté.
Que vous ayez chanté.
Qu'ils ou qu'elles aient chanté.

PLUS-QUE-PASSÉ. On avait, on aurait *ou* on eût désiré

Que j'eusse chanté.
Que tu eusses chanté.
Qu'il ou qu'elle eût chanté.
Que nous eussions chanté.
Que vous eussiez chanté.
Qu'ils ou qu'elles eussent chanté.

MODE INDÉFINI.	PARTICIPE ACTIF SIMPLE.
TEMPS SIMPLE.	Chant*ant.*
Chant*er.*	**PARTICIPE ACTIF COMPOSÉ.** Ay*ant* chanté.
TEMPS COMPOSÉ.	**PARTICIPE PASSIF.**
Avoir chant*é.*	*Un air* chanté, *une chanson* chant*ée.*

186. Le plus grand nombre des verbes français est terminé en *er*, et se conjugue sur *chanter*.

187. Dans la forme de tout verbe il faut distinguer deux choses : le *radical* ou la racine, et la *désinence* ou terminaison. Le *radical* d'un verbe est ce qui reste quand on a retranché du temps simple de l'indéfini les terminaisons *er, ir, oir, re.* Ces terminaisons, et celles qui les remplacent dans le cours de la conjugaison, sont ce qu'on appelle les *désinences.* Le radical des verbes de la première conjugaison ne subit une légère altération que dans les verbes en *yer* par un *y*; les terminaisons sont communes à tous les verbes.

Verbes à conjuguer sur le modèle des verbes en *er* : *Abreuver, aimer, chercher, goûter, écouter, flairer, frapper, regarder, sauter, toucher, traîner, vaciller* (1).

Phrases à conjuguer : *Être immobile à sa place et écouter attentivement; être obéissant envers ses parents, chercher à leur plaire; être attentif à la leçon et en retirer un grand fruit.*

188. Dans les verbes en *cer* on met une cédille (ç) sous le *c* devant *a* et *o* pour conserver au *c* l'articulation du *s* qu'il a au temps simple de l'indéfini : *placer, nous plaçons, nous plaçâmes.*

---

(1) Dans la conjugaison orale, les élèves feront suivre chacun de ces verbes d'un mot commençant par une voyelle, ils diront, par exemple : *J'abreuve un cheval, tu abreuves un cheval.*

Verbes dans lesquels on mettra une cédille sous le *c* devant les voyelles *a* et *o* : *Amorcer un hameçon, annoncer, délacer, effacer, enfoncer, exercer, lancer, menacer, percer, prononcer, renoncer, tracer.*

Phrase à conjuguer : *Être utile à la société, exercer un état.*

189. Dans les verbes en *ger* on met un *e* muet après le *g* devant *a* et *o* pour conserver au *g* l'articulation du *j* qu'il a au temps simple de l'indéfini : *juger, nous jugeons, nous jugeâmes.*

Verbes dans lesquels on mettra un *e* muet après le *g* devant les voyelles *a* et *o* : *Allonger un habit, arranger, corriger, émarger, dédommager, interroger, manger, nager, partager, saccager, songer, voyager.*

Phrase à conjuguer : *Renoncer à la dissipation, songer à l'avenir.*

190. Dans les verbes de la première conjugaison, dont l'avant-dernière syllabe est terminée au temps simple de l'indéfini par un *e* fermé ou par un *e* muet, on transforme cet *e* fermé ou cet *e* muet en *e* ouvert, quant l'*e* de la dernière syllabe devient muet. Si les verbes sont en *eler* ou en *eter*, cette transformation s'opère au moyen de la réduplication du *l* ou du *t* ; dans tous les autres cas, et aussi, selon l'Académie, dans les verbes *acheter, décolleter, bourreler, celer, déceler, geler, harceler, modeler, peler,* on met un accent grave sur l'*e* : *céder, je cède, je cèderai ; semer, je sème, je sèmerai ; végéter, je végète, je végèterai ; celer, je cèle, je cèlerai ; appeler, j'appelle, j'appellerai ; jeter, je jette, je jetterai.*

Dans tout le cours de la conjugaison des verbes en *éger,* l'Académie met un accent aigu sur l'*e* qui précède immédiatement le *g*. Elle met également un accent aigu sur l'*e* qui précède immédiatement le *g* dans tous les autres mots de la langue où le *g* est articulé comme un *j* : *collége, cortége, liége, manége, sacrilége, siége.*

Verbes dans lesquels l'avant-dernière syllabe deviendra ouverte quand la dernière sera muette : *Célébrer une fête, espérer, préférer ; dépecer, enlever, peser ; répéter, révéler, végéter ; acheter, déceler, peler ; cacheter, empaqueter, épousseter, étiqueter, feuilleter, jeter ; atteler, appeler, démanteler, épeler, ficeler, renouveler.*

Phrase à conjuguer : *Acheter une pomme et la peler avec soin.*

191. Les verbes en *ier* par un *i* simple, prennent deux *i* aux deux premières personnes plurielles de l'imparfait de l'affirmatif et du présent du subjonctif. Ces deux *i* sont : le premier, celui qui termine le radical, et le second, celui qui commence la désinence de ces deux temps : *Nous priions, vous priiez ; que nous liions, que vous liiez.* Il n'y a rien là que de très régulier.

Verbes en *ier* par un *i* simple : *Colorier une estampe, lier, oublier, plier, initier, vérifier.*

Phrase à conjuguer : *Avoir un livre et étudier une leçon chaque jour.*

192. L'y des verbes terminés en *yant* au participe actif, à quelque conjugaison que ces verbes appartiennent, se change en *i* simple devant un *e* muet : *Nettoyer, je nettoie, je nettoierai, je nettoierais ; voir, voyant, ils voient, que je voie ; croire, croyant, ils croient, que je croie.*

Dans les verbes en *ayer* et en *eyer* on peut toujours laisser l'y, et quelquefois la substitution de l'*i* simple à l'y devant un *e* muet serait désagréable à l'oreille : *rayer, je raye, je rayerai, je rayerais.*

Le radical des verbes en *yer* étant terminé par un *y*, les deux premières personnes plurielles de l'imparfait de l'affirmatif et du présent du subjonctif, dont la désinence commence par un *i* simple, ont un *y* suivi d'un *i* : *nous employions, vous employiez.*

On conjuguera de vive voix et par écrit les verbes en *yer* qui suivent : *Côtoyer un rivage, employer, noyer, octroyer, tutoyer, appuyer, essuyer, ennuyer, balayer, essayer, grasseyer.*

Phrase à conjuguer : *Essayer un ouvrier et l'employer avec confiance.*

193. En général, tous les verbes, à quelque conjugaison qu'ils appartiennent, qui sont terminés en *iant* par un *i* simple ou en *yant* par un *y* au participe actif simple, ont, les premiers, deux *i* de suite, et les seconds, un *y* suivi d'un *i* aux deux premières personnes plurielles de l'imparfait de l'affirmatif et du présent du subjonctif : *Rire, riant, nous riions, que nous riions; croire, croyant, nous croyions, que nous croyions; voir, voyant, nous voyions, que nous voyions.*

194. Les verbes *créer, recréer, récréer, gréer, agréer, désagréer, maugréer, ragréer, procréer, suppléer,* sont de tout point réguliers. Dans les temps où se trouvent deux *e* de suite, l'un fermé, l'autre muet, le premier termine le radical et le second commence la désinence : *Je* cré*e*, *je* cré*e*rai, *je* cré*e*rais, cré*e*, *que je* cré*e*. Le participe passif féminin de ces verbes est terminé par trois *e*, deux *e* fermés et un muet : le premier *e* termine le radical, le second est la finale commune du participe passif de tous les verbes de la première conjugaison, et le troisième est la caractéristique du féminin : une proposition *agr*éée.

195. Au futur simple de l'affirmatif et au temps simple du conditionnel des verbes en *ier, uer, éer,* si l'on a soin de laisser intacts le radical et la désinence, on ne fera point de faute d'orthographe : *je prierai, je prierais, je remuerai, je remuerais, je créerai, je créerais.*

SECONDE CONJUGAISON EN *IR*.

AFFIRMATIF.

PRÉSENT. Depuis ce matin

J'empl*is*.
Tu empl*is*.
Il ou elle empl*it*.
Nous empl*issons*.
Vous empl*issez*.
Ils ou elles empl*issent*.

IMPARFAIT. Quand on a sonné,

J'empl*issais*.
Tu empl*issais*.
Il ou elle empl*issait*.
Nous empl*issions*.
Vous empl*issiez*.
Ils ou elles empl*issaient*.

PASSÉ DÉFINI. Le mois dernier,

J'empl*is*.
Tu empl*is*.
Il ou elle empl*it*.
Nous empl*îmes*.
Vous empl*îtes*.
Ils ou elles empl*irent*.

PASSÉ INDÉFINI. Ce mois,

J'ai empl*i*.
Tu as empl*i*.
Il ou elle a empl*i*.
Nous avons empl*i*.
Vous avez empl*i*.
Ils ou elles ont empl*i*.

PASSÉ ANTÉRIEUR. Quand ou lorsque

J'eus empl*i*.
Tu eus empl*i*.
Il ou elle eut empl*i*.
Nous eûmes empl*i*.
Vous eûtes empl*i*.
Ils ou elles eurent empl*i*.

PASSÉ ANTÉRIEUR SURCOMPOSÉ. Quand ou lorsque

J'ai eu empl*i*.
Tu as eu empl*i*.
Il ou elle a eu empl*i*.
Nous avons eu empl*i*.
Vous avez eu empl*i*.
Ils ou elles ont eu empl*i*.

PLUS-QUE-PASSÉ. Quand on vint,

J'av*ais* empl*i*.
Tu av*ais* empl*i*.
Il ou elle av*ait* empl*i*.
Nous av*ions* empl*i*.
Vous av*iez* empl*i*.
Ils ou elles av*aient* empl*i*.

FUTUR SIMPLE. Dans quelques jours,

J'empl*irai*.
Tu empl*iras*.
Il ou elle empl*ira*.
Nous empl*irons*.
Vous empl*irez*.
Ils ou elles empl*iront*.

FUTUR COMPOSÉ. On ira quand

J'aur*ai* empl*i*.
Tu aur*as* empl*i*.
Il ou elle aur*a* empl*i*.
Nous aur*ons* empl*i*.
Vous aur*ez* empl*i*.
Ils ou elles aur*ont* empl*i*.

CONDITIONNEL.

TEMPS SIMPLE. Si l'on voulait,

J'empl*irais*.
Tu empl*irais*.
Il ou elle empl*irait*.
Nous empl*irions*.

Vous empli*riez*.
Ils ou elles empli*raient*.

TEMPS COMPOSÉ. Si l'on avait voulu,

J'au*rais* empl*i*.
Tu au*rais* empl*i*.
Il ou elle au*rait* empl*i*.
Nous au*rions* empl*i*.
Vous au*riez* empl*i*.
Ils ou elles au*raient* empl*i*.

On dit aussi : Si l'on eût voulu,

J'e*usse* empl*i*.
Tu e*usses* empl*i*.
Il ou elle e*ût* empl*i*.
Nous e*ussions* empl*i*.
Vous e*ussiez* empl*i*.
Ils ou elles e*ussent* empl*i*.

IMPÉRATIF.

Point de première personne du singulier ni de troisième pour les deux nombres.

Empl*is*.
Empl*issons*.
Empl*issez*.

SUBJONCTIF.

PRÉSENT OU FUTUR. On veut, on voudra

Que j'empl*isse*.
Que tu empl*isses*.
Qu'il ou qu'elle empl*isse*.
Que nous empl*issions*.
Que vous empl*issiez*.
Qu'ils ou qu'elles empl*issent*.

IMPARFAIT. On voulait, on voulut, on voudrait

Que j'empl*isse*.
Que tu empl*isses*.
Qu'il ou qu'elle empl*ît*.
Que nous empl*issions*.
Que vous empl*issiez*.
Qu'ils ou qu'elles empl*issent*.

PASSÉ. On a voulu, on aur voulu

Que j'ai*e* empl*i*.
Que tu ai*es* empl*i*.
Qu'il ou qu'elle ai*t* empl*i*.
Que nous ay*ons* empl*i*.
Que vous ay*ez* empl*i*.
Qu'ils ou qu'elles ai*ent* empl*i*.

PLUS-QUE-PASSÉ. On avait, on aurait *ou* on eût voulu.

Que j'e*usse* empl*i*.
Que tu e*usses* empl*i*.
Qu'il ou qu'elle e*ût* empl*i*.
Que nous e*ussions* empl*i*.
Que vous e*ussiez* empl*i*.
Qu'ils ou qu'elles e*ussent* empl*i*.

MODE INDÉFINI.

TEMPS SIMPLE.

Empl*ir*.

TEMPS COMPOSÉ.

A*voir* empl*i*.

PARTICIPE ACTIF SIMPLE.

Empl*issant*.

PARTICIPE ACTIF COMPOSÉ.

Ay*ant* empl*i*.

PARTICIPE PASSIF.

Un tonneau empl*i*.
Une tonne empl*ie*.

Verbes à conjuguer sur *emplir* : *Agir en homme d'honneur, amollir, applaudir, avertir, choisir, enfouir, enhardir, ensevelir, guérir, mûrir, punir, trahir.*

Phrase à conjuguer : *Enrichir un de ses amis, partager avec lui ses bénéfices.*

195 *bis.* Les verbes en *ir* sont les plus nombreux après ceux de la première conjugaison.

196. *Bénir* a deux formes pour le participe passif : *bénit, bénite,* et *béni, bénie. Bénit, bénite,* se dit des choses consacrées par une cérémonie religieuse : *du pain bénit, de l'eau bénite ; béni, bénie* a toutes les autres significations du verbe *bénir.*

197. *Fleurir* signifie, au propre, pousser des fleurs, être en fleur ; et au figuré, être dans un état brillant, prospère. Dans cette dernière acception, *fleurir* fait souvent *florissait* à l'imparfait de l'affirmatif, et toujours *florissant* au participe actif : *Athènes* FLORISSAIT *sous Périclès.*

La même différence existe entre les qualificatifs *fleurissant, fleurissante* et *florissant, florissante.*

198. Dans tout le cours de la conjugaison du verbe *haïr,* l'*i* est surmonté d'un tréma, excepté aux trois personnes singulières du présent de l'affirmatif *je hais, tu hais, il hait,* et à la seconde personne du singulier de l'impératif *hais.*

Aux deux premières personnes plurielles du passé défini et à la troisième du singulier de l'imparfait du subjonctif, on laisse le tréma sur l'*i,* et l'on ne met point d'accent circonflexe.

TROISIÈME CONJUGAISON EN *OIR.*

AFFIRMATIF.

PRÉSENT. Habituellement	IMPARFAIT. Si
Je reçois.	Je recevais.
Tu reçois.	Tu recevais.
Il ou elle reçoit.	Il ou elle recevait.
Nous recevons.	Nous recevions.
Vous recevez.	Vous receviez.
Ils ou elles reçoivent.	Ils ou elles recevaient.

PASSÉ DÉFINI. L'année dernière,

Je reç*us*.
Tu reç*us*.
Il ou elle reç*ut*.
Nous reç*ûmes*.
Vous reç*ûtes*.
Ils ou elles reç*urent*.

PASSÉ INDÉFINI. Cette année,

J'ai reç*u*.
Tu a*s* reç*u*.
Il ou elle a reç*u*.
Nous av*ons* reç*u*.
Vous av*ez* reç*u*.
Ils ou elles o*nt* reç*u*.

PASSÉ ANTÉRIEUR. Après que

J'*eus* reç*u*.
Tu *eus* reç*u*.
Il ou elle *eut* reç*u*.
Nous e*ûmes* reç*u*.
Vous e*ûtes* reç*u*.
Ils ou elles e*urent* reç*u*.

PASSÉ ANTÉRIEUR SURCOMPOSÉ. Dès que

J'ai *eu* reç*u*.
Tu a*s eu* reç*u*.
Il ou elle a *eu* reç*u*.
Nous av*ons eu* reç*u*.
Vous av*ez eu* reç*u*.
Ils ou elles o*nt eu* reç*u*.

PLUS-QUE-PASSÉ. Quand on vint,

J'av*ais* reç*u*.
Tu av*ais* reç*u*.
Il ou elle av*ait* reç*u*.
Nous av*ions* reç*u*.
Vous av*iez* reç*u*.
Ils ou elles av*aient* reç*u*.

FUTUR SIMPLE. Sous peu,

Je rece*vrai*.
Tu rece*vras*.

Il ou elle rece*vra*.
Nous rece*vrons*.
Vous rece*vrez*.
Ils ou elles rece*vront*.

FUTUR COMPOSÉ. J'irai quand

J'aur*ai* reç*u*.
Tu aur*as* reç*u*.
Il ou elle aur*a* reç*u*.
Nous aur*ons* reç*u*.
Vous aur*ez* reç*u*.
Ils ou elles aur*ont* reç*u*.

CONDITIONNEL.

TEMPS SIMPLE. Si telle chose avait lieu,

Je rece*vrais*.
Tu rece*vrais*.
Il ou elle rece*vrait*.
Nous rece*vrions*.
Vous rece*vriez*.
Ils ou elles rece*vraient*.

TEMPS COMPOSÉ. Si telle chose avait eu lieu,

J'aur*ais* reç*u*.
Tu aur*ais* reç*u*.
Il ou elle aur*ait* reç*u*.
Nous aur*ions* reç*u*.
Vous aur*iez* reç*u*.
Ils ou elles aur*aient* reç*u*.

On dit aussi : Si telle chose eût eu lieu,

J'*eusse* reç*u*.
Tu *eusses* reç*u*.
Il ou elle *eût* reç*u*.
Nous *eussions* reç*u*.
Vous *eussiez* reç*u*.
Ils ou elles *eussent* reç*u*.

IMPÉRATIF.

*Point de première person-
ne du singulier, ni de troi-*

sième pour les deux nom-
bres.

Reçois.
Recevons.
Recevez.

SUBJONCTIF.

PRÉSENT OU FUTUR. Il est
incertain

Que je reçoive.
Que tu reçoives.
Qu'il ou qu'elle reçoive.
Que nous recevions.
Que vous receviez.
Qu'ils ou qu'elles reçoivent.

IMPARFAIT. Il était incertain

Que je reçusse.
Que tu reçusses.
Qu'il ou qu'elle reçût.
Que nous reçussions.
Que vous reçussiez.
Qu'ils ou qu'elles reçussent.

PASSÉ. On a mis, on aura mis
en doute

Que j'aie reçu.
Que tu aies reçu.
Qu'il ou qu'elle ait reçu.

Que nous ayons reçu.
Que vous ayez reçu.
Qu'ils ou qu'elles aient reçu.

PLUS-QUE-PASSÉ. On aurait
ou on eût mis en doute

Que j'eusse reçu.
Que tu eusses reçu.
Qu'il ou qu'elle eût reçu.
Que nous eussions reçu.
Que vous eussiez reçu.
Qu'ils ou qu'elles eussent
reçu.

MODE INDÉFINI.

TEMPS SIMPLE.

Recevoir.

TEMPS COMPOSÉ.

Avoir reçu.

PARTICIPE ACTIF SIMPLE.

Recevant.

PARTICIPE ACTIF COMPOSÉ.

Ayant reçu.

PARTICIPE PASSIF.

Un billet reçu.
Une lettre reçue.

Verbes à conjuguer sur *recevoir : Apercevoir un
objet, concevoir, décevoir, devoir, percevoir, redevoir.*

Phrase à conjuguer : *Concevoir et espérer une
meilleure vie.*

199. Dans les verbes en *evoir* dont le radical est
terminé par un *c,* on met une cédille sous le *c* devant
o et *u* pour conserver au *c* l'articulation du *s* qu'il a
au temps simple de l'indéfini : *j'aperçois, j'aperçus.*

200. On met un accent circonflexe sur l'*u* qui termine le participe passif masculin singulier des verbes *devoir* et *redevoir : dû, redû.*

QUATRIÈME CONJUGAISON EN *RE*.

AFFIRMATIF.

PRÉSENT. Tous les matins,

Je rend*s*.
Tu rend*s*.
Il ou elle rend.
Nous rend*ons*.
Vous rend*ez*.
Ils ou elles rend*ent*.

IMPARFAIT. Ordinairement,

Je rend*ais*.
Tu rend*ais*.
Il ou elle rend*ait*.
Nous rend*ions*.
Vous rend*iez*.
Ils ou elles rend*aient*.

PASSÉ DÉFINI. Hier,

Je rend*is*.
Tu rend*is*.
Il ou elle rend*it*.
Nous rend*îmes*.
Vous rend*îtes*.
Ils ou elles rend*irent*.

PASSÉ INDÉFINI. Hier,

J'ai rend*u*.
Tu a*s* rend*u*.
Il ou elle a rend*u*.
Nous av*ons* rend*u*.
Vous av*ez* rend*u*.
Ils ou elles *ont* rend*u*.

PASSÉ ANTÉRIEUR. Après que

J'*eus* rend*u*.
Tu *eus* rend*u*.
Il ou elle *eut* rend*u*.
Nous *eûmes* rend*u*.
Vous *eûtes* rend*u*.
Ils ou elles *eurent* rend*u*.

PASSÉ ANTÉRIEUR SURCOM-POSÉ. Dès que

J'ai *eu* rend*u*
Tu as *eu* rend*u*.
Il ou elle a *eu* rend*u*.
Nous av*ons* *eu* rend*u*.
Vous av*ez* *eu* rend*u*.
Ils ou elles *ont* *eu* rend*u*.

PLUS-QUE-PASSÉ. Quand on vint,

J'av*ais* rend*u*.
Tu av*ais* rend*u*.
Il ou elle av*ait* rend*u*.
Nous av*ions* rend*u*.
Vous av*iez* rend*u*.
Ils ou elles av*aient* rend*u*.

FUTUR SIMPLE. A l'avenir,

Je rend*rai*.
Tu rend*ras*.
Il ou elle rend*ra*.
Nous rend*rons*.
Vous rend*rez*.
Ils ou elles rend*ront*.

FUTUR COMPOSÉ. On ira, quand

J'au*rai* rend*u*.
Tu au*ras* rend*u*.
Il ou elle au*ra* rend*u*.
Nous au*rons* rend*u*.
Vous au*rez* rend*u*.
Ils ou elles au*ront* rend*u*.

CONDITIONNEL.

TEMPS SIMPLE. Si cela était possible,

Je rend*rais*.
Tu rend*rais*.
Il ou elle rend*rait*.

Nous rend*rions*.
Vous rend*riez*.
Ils ou elles rend*raient*.

TEMPS COMPOSÉ. Si cela avait été possible,

J'aur*ais* rend*u*.
Tu aur*ais* rend*u*. •
Il ou elle aur*ait* rend*u*.
Nous aur*ions* rend*u*.
Vous aur*iez* rend*u*.
Ils ou elles aur*aient* rend*u*.

On dit aussi : Si cela eût été possible,

J'*eusse* rend*u*.
Tu *eusses* rend*u*.
Il ou elle *eût* rend*u*.
Nous *eussions* rend*u*.
Vous *eussiez* rend*u*.
Ils ou elles *eussent* rend*u*.

IMPÉRATIF.

Point de première personne du singulier ni de troisième pour les deux nombres.

Rends.
Rend*ons*.
Rend*ez*.

SUBJONCTIF.

PRÉSENT ou FUTUR. On doute, on doutera

Que je rend*e*.
Que tu rend*es*.
Qu'il ou qu'elle rend*e*.
Que nous rend*ions*.
Que vous rend*iez*.
Qu'ils ou qu'elles rend*ent*.

IMPARFAIT. On désirait, on désira, on a désiré, on désirerait

Que je rend*isse*.
Que tu rend*isses*.
Qu'il ou qu'elle rend*ît*.
Que nous rend*issions*.
Que vous rend*issiez*.
Qu'ils ou qu'elles rend*issent*.

PASSÉ. On a craint, on aura craint

Que j'aie rend*u*.
Que tu aies rend*u*.
Qu'il ou qu'elle ait rend*u*.
Que nous a*yons* rend*u*.
Que vous a*yez* rend*u*.
Qu'ils ou qu'elles aient rend*u*.

PLUS-QUE-PASSÉ. On aurait *ou* on eût voulu

Que j'*eusse* rend*u*.
Que tu *eusses* rend*u*.
Qu'il ou qu'elle *eût* rend*u*.
Que nous *eussions* rend*u*.
Que vous *eussiez* rend*u*.
Qu'ils ou qu'elles *eussent* rend*u*.

MODE INDÉFINI.

TEMPS SIMPLE.

Rend*re*.

TEMPS COMPOSÉ.

A*voir* rend*u*.

PARTICIPE ACTIF SIMPLE.

Rend*ant*.

PARTICIPE ACTIF COMPOSÉ.

A*yant* rend*u*.

PARTICIPE PASSIF.

Un livre rend*u*.
Une somme rend*ue*.

Verbes à conjuguer sur *rendre* : *Attendre avec impatience, dépendre, entendre, fendre, mordre, perdre, prétendre, répandre, répondre, suspendre, tordre, vendre.*

Phrase à conjuguer : *Vendre une rente et acheter une terre.*

201. Aux deux premières personnes singulières du présent de l'affirmatif des verbes *absoudre, dissoudre, résoudre,* et de tous les verbes en *indre,* on supprime le *d,* et à la troisième personne on le remplace par un *t* : *j'absous, tu absous, il absou*T; *je crains, tu crains, il crain*T; *je joins, tu joins, il join*T; *je peins, tu peins, il pein*T.

Verbes à conjuguer en regard : *Bâiller, bailler et bayer; compter et conter; délacer et délasser; pécher et pécher; tâcher et tacher; panser et penser; plier et ployer; railler et rallier; colorer et colorier; affermer et affermir; alléger* (soulager) *et allégir* (diminuer); *hébéter et abêtir; murer et mûrir; pallier et pâlir; renforcer et enforcir; fonder et fondre; écouter, entendre, saisir; regarder, concevoir, attendre* (1).

MANIÈRE DE CONJUGUER LES VERBES NÉGATIVEMENT, INTERROGATIVEMENT, ET EN MÊME TEMPS INTERROGATIVEMENT ET NÉGATIVEMENT.

202. On conjugue un verbe négativement au moyen de *ne pas* ou *ne point* : on place *ne* immédiatement avant le verbe, et l'on met *pas* ou *point* après; dans les temps composés, *pas* ou *point* se place après l'auxiliaire : *je* NE *finis* PAS, *je* N'*ai* PAS *fini.*

203. Les verbes ne peuvent se conjuguer interrogativement qu'à l'affirmatif et au conditionnel.

Pour interroger, on place le personnatif sujet, dans les temps simples, après le verbe que l'on conjugue, et dans les temps composés, après le verbe *avoir* : on unit le personnatif au verbe par un trait d'union : *chantons-nous? chantâtes-vous? chanteront-ils? avons-*

____

(1) Les élèves seront exercés à conjuguer isolément les désinences des verbes, imprimées en caractères italiques.

nous chanté? eûtes-vous chanté? auront-ils chanté?

Lorsque le verbe se termine à la première personne par un *e* muet, on transforme cet *e* muet en *e* fermé au moyen d'un accent aigu : chanté-je? eussé-je empli? Lorsqu'il se termine à la troisième personne par un *e* ou par un *a*, on met après l'*e* ou l'*a* et avant les personnatifs *il, elle*, ou le substantif indéfini *on*, un *t* euphonique entre deux tirets : *chante-t-il? chanta-t-elle? a-t-on chanté?*

204. On appelle *euphonique* une lettre employée pour éviter le choc désagréable de deux voyelles dont l'une finit un mot et l'autre commence le mot suivant.

205. Dans les verbes conjugués à la fois interrogativement et négativement, *ne* se met toujours avant le verbe, et *pas* ou *point* se place après le personnatif sujet transposé: NE *reçois-je* PAS? N'*ai-je* PAS *reçu?*

FORMATION DES TEMPS.

206. Il y a cinq temps *primitifs* (1), qui sont :
   I. Le *temps simple de l'indéfini*,
   II. Le *participe actif simple*,
   III. Le *participe passif*,
   IV. Le *présent de l'affirmatif*,
   V. Et le *passé défini*,

I.—207. 1° Du TEMPS SIMPLE DE L'INDÉFINI on forme le *futur simple* en changeant *r, oir* ou *re* en *rai* : chanteR, je chanteRAI ; empliR, j'empliRAI ; recevoiR, je recevRAI ; rendRE, je rendRAI.

2° LE TEMPS SIMPLE DU CONDITIONNEL se forme du TEMPS SIMPLE DE L'INDÉFINI , d'après la même règle que le futur; seulement la finale, au lieu d'être *rai*, est *rais*.

II.—208. 1° Du PARTICIPE ACTIF SIMPLE on forme les *trois personnes plurielles du présent de l'affirmatif* en changeant *ant* en *ons, ez, ent*: chantANT, *nous chan*tONS, *vous chant*EZ, *ils chant*ENT ; *emplis*sANT, *nous*

---

(1) Voyez la définition des temps primitifs, p. 51, n. 180.

emplissons, *vous emplissez*, *ils emplissent*; *perce-*
vant, *nous percevons*, *vous percevez*, *ils perçoivent*
(ici la diphthongue *oi* remplace l'*e* du participe actif);
rendant, *nous rendons*, *vous rendez*, *ils rendent*.

2° Du même participe on forme *l'imparfait de*
l'affirmatif en changeant *ant* en *ais* : *chantant*, *je*
chantais; *emplissant*, *j'emplissais*; *recevant*, *je re-*
cevais ; *rendant*, *je rendais*.

3° Du même PARTICIPE ACTIF SIMPLE on forme le
présent du subjonctif en changeant *ant* en *e* : *chan-*
tant, *que je chante* ; *emplissant*, *que j'emplisse*;
percevant, *que je perçoive* (ici la diphthongue *oi* remplace l'*e* du participe actif): *rendant*, *que je rende*.

III.— 209. Tous les temps composés se forment du
PARTICIPE PASSIF, auquel on joint *avoir* ou *être* : *j'ai*
chanté, *j'eus empli*, *j'avais reçu*, *j'aurai rendu*, *je*
suis encouragé.

IV. — 210. Du PRÉSENT DE L'AFFIRMATIF on forme
l'impératif en ôtant les personnatifs *tu*, *nous*, *vous*,
et en supprimant, dans les verbes de la première
conjugaison, le *s* final de la seconde personne du singulier : *tu chantes*, *chante* ; *tu emplis*, *emplis*; *nous*
aimons, *aimons* ; *vous aimez*, *aimez*.

V. — 211. Du PASSÉ DÉFINI on forme *l'imparfait*
du subjonctif en changeant *ai* en *asse* pour la première conjugaison et en ajoutant seulement *se* pour
les trois autres : *je chantai*, *que je chantasse* ; *j'em-*
plis, *que j'emplisse* ; *je reçus*, *que je reçusse* ; *je*
rendis, *que je rendisse* (1).

VERBES IRRÉGULIERS (2) ET VERBES DÉFECTIFS.

212. Un verbe peut être irrégulier ou dans ses

---

(1) Arrivés à ce point, les élèves commenceront d'étudier
la syntaxe, tout en continuant l'étude des chapitres qui la
précèdent.

(2) Voyez la définition des verbes irréguliers, p. 32, n. 185.

temps primitifs, ou dans ses temps dérivés, ou tout à la fois dans ses temps primitifs et dans ses temps dérivés.

213. Un verbe n'est jamais irrégulier que dans ses temps simples.

214. Les verbes *défectifs* sont ceux qui ne sont point usités à certains temps, à certaines personnes, à certains modes.

215. Quand un temps primitif manque, les dérivés de ce temps manquent aussi.

216. Les composés suivent la conjugaison de leurs simples : par exemple, les composés *accourir, concourir, discourir, encourir, parcourir, recourir, secourir,* se conjuguent comme le verbe simple *courir.*

TEMPS SIMPLES DE L'INDÉFINI.	IRRÉGULARITÉS ET DÉFECTUOSITÉS (1).

Première conjugaison.

Aller............ *Présent de l'affirmatif.* Je vais, tu vas, il va,.... ils vont. *Futur.* J'irai, tu iras, etc. — *Conditionnel.* J'irais, tu irais, etc. — *Impératif.* Va. — *Présent du subjonctif.* Que j'aille, que tu ailles, qu'il aille,... qu'ils aillent.

Envoyer.......... *Futur.* J'enverrai, tu enverras, etc. — *Conditionnel.* J'enverrais, tu enverrais, etc.

Seconde conjugaison.

Acquérir.......... *Participe passif.* Acquis. — *Présent de l'affirmatif.* J'acquiers, tu acquiers, il acquiert,... ils acquièrent. — *Passé défini.* J'acquis, tu acquis, etc. *Futur.* J'acquerrai, tu acquerras, etc. — *Conditionnel.* J'acquerrais, tu acquerrais, etc. — *Présent du subjonctif.* Que j'acquière, que tu acquières, qu'il acquière, ... qu'ils acquièrent.

(1) Pour faire connaître les défectuosités, je donne ce qui est en usage, et j'ajoute : *le reste manque*, ou j'exprime la même chose en d'autres termes.

TEMPS SIMPLES DE L'INDÉFINI.	IRRÉGULARITÉS ET DÉFECTUOSITÉS.
Assaillir............	*Participe actif.* Assaillant. — *Présent de l'affirmatif.* J'assaille, tu assailles, il assaille. Tressaillir se conjugue de même. Saillir (jaillir, sortir avec impétuosité), régulier, ne s'emploie qu'à l'*indéfini* et aux troisièmes personnes. Saillir (déborder et avoir du relief), irrégulier, n'est également d'usage qu'à l'*indéfini* et aux troisièmes personnes : Il saille, ils saillent ; il saillait, ils saillaient ; il saillera, etc.
Bouffir (enfler)...	Ce verbe n'est d'usage qu'au *temps simple* et au *temps composé de l'indéfini*, au *participe actif composé*, au *participe passif*, et aux troisièmes personnes.
Bouillir............	*Participe actif.* Bouillant. — *Présent de l'affirmatif.* Je bous, tu bous, il bout.
Courir.............	*Participe actif.* Courant. — *Participe passif.* Couru. — *Présent de l'affirmatif.* Je cours, tu cours, il court. — *Passé défini.* Je courus, tu courus, etc. *Futur.* Je courrai, tu courras, etc. — *Conditionnel.* Je courrais, tu courrais, etc.
Cueillir...........	*Participe actif.* Cueillant. — *Présent de l'affirmatif.* Je cueille, tu cueilles, il cueille. *Futur.* Je cueillerai, tu cueilleras, etc. — *Conditionnel.* Je cueillerais, tu cueillerais, etc.
Faillir.............	*Participe actif.* Faillant. — *Présent de l'affirmatif.* Je faux, tu faux, il faut.
Férir (frapper)...	*Participe passif.* Féru. Le reste manque.
Fuir...............	*Participe actif.* Fuyant.

TEMPS SIMPLES DE L'INDÉFINI.	IRRÉGULARITÉS ET DÉFECTUOSITÉS.
Gésir (être cou-ché)............	*Participe actif.* Gisant. — *Présent de l'af-firmatif.* Il gît , nous gisons , vous gisez , ils gisent. *Imparfait.* Je gisais, tu gisais, il gisait, nous gisions , vous gisiez , ils gisaient. Quelques-uns doublent le *s*. Le reste manque.
Issir (sortir)......	N'est plus en usage qu'au *participe passif*, issu.
Mourir.............	*Participe actif.* Mourant. — *Participe pas-sif.* Mort. — *Présent de l'affirmatif.* Je meurs, tu meurs, il meurt,... ils meu-rent. — *Passé défini.* Je mourus , tu mourus , etc. *Futur.* Je mourrai, tu mourras , etc. — *Conditionnel.* Je mourrais, tu mourrais, etc. — *Présent du subjonctif.* Que je meure , que tu meures , qu'il meure ,... qu'ils meurent.
Ouïr..............	*Participe passif.* Ouï. Le reste est très peu usité.
Ouvrir.	*Participe actif.* Ouvrant. — *Participe pas-sif.* Ouvert. — *Présent de l'affirmatif.* J'ouvre, tu ouvres, il ouvre. Offrir, couvrir, souffrir ont les mêmes ir-régularités.
Quérir (chercher).	N'est d'usage qu'à *l'indéfini*. Les compo-sés se conjuguent comme acquérir.
Sentir.	*Participe actif.* Sentant. — *Présent de l'affirmatif.* Je sens, tu sens, il sent, et par conséquent à la deuxième personne du singulier de l'impératif, sens. Les verbes dormir, mentir, partir, se re-pentir, servir et sortir (passer du dedans au dehors), perdent également, aux mê-mes temps et aux mêmes personnes, la con-sonne qui précède la désinence *ir*, et se conjuguent, dans leurs temps simples , comme sentir. Asservir (assujettir) , est régulier.

TEMPS SIMPLES DE L'INDÉFINI.	IRRÉGULARITÉS ET DÉFECTUOSITÉS.
Tenir.............	*Participe actif.* Tenant. — *Participe passif.* Tenu. — *Présent de l'affirmatif.* Je tiens, tu tiens, il tient,... ils tiennent. — *Passé défini.* Je tins, tu tins, il tint, nous tînmes, vous tîntes, ils tinrent. *Futur.* Je tiendrai, tu tiendras, etc. — *Conditionnel.* Je tiendrais, tu tiendrais, etc. — *Présent du subjonctif.* Que je tienne, que tu tiennes, qu'il tienne,... qu'ils tiennent.
Venir.............	Se conjugue, dans ses temps simples, comme tenir.
Vêtir.............	*Participe actif.* Vêtant. — *Participe passif.* Vêtu. — *Présent de l'affirmatif.* Je vêts, tu vêts, il vêt.

Troisième conjugaison.

Asseoir (s').......	*Participe actif.* S'asseyant. — *Participe passif.* Assis. *Présent de l'affirmatif.* Je m'assieds, tu t'assieds, il s'assied. — *Passé défini.* Je m'assis. *Futur.* Je m'assiérai, tu t'assiéras, etc., *ou* je m'asseyerai, tu t'asseyeras, etc. — *Conditionnel.* Je m'assiérais, tu t'assiérais, etc., *ou* je m'asseyerais, tu t'asseyerais, etc. Seoir (être assis). — *Participe actif.* Séant. — *Participe passif.* Sis. Le reste n'est plus en usage. De la forme réfléchie de ce verbe, il ne reste que l'*impératif* : sieds-toi. Seoir (être convenable), temps inusité. — *Participe actif.* Seyant. — *Présent de l'affirmatif.* Il sied, ils siéent. *Imparfait.* Il seyait, ils seyaient. — *Futur.* Il siéra, ils siéront. — *Conditionnel.* Il siérait, ils siéraient. Le reste est inusité.

TEMPS SIMPLES DE L'INDÉFINI.	IRRÉGULARITÉS ET DÉFECTUOSITÉS.
	Surseoir (suspendre). — *Participe actif.* Sursoyant. — *Participe passif.* Sursis. — *Présent de l'affirmatif.* Je sursois, tu sursois, etc. — *Passé défini.* Je sursis, tu sursis, etc. *Futur.* Je surseoirai, tu surseoiras, etc. — *Conditionnel.* Je surseoirais, tu surseoirais, etc.
Choir..............	*Participe passif.* Chu. *Futur.* Je cherrai, tu cherras, etc. Le reste manque.
Déchoir..........	*Participe actif.* Déchéant. — *Participe passif.* Déchu. — *Présent de l'affirmatif.* Je déchois, tu déchois, il déchoit, nous déchoyons, vous déchoyez, ils déchoient. — *Passé défini.* Je déchus, tu déchus, etc. *L'imparfait de l'affirmatif* n'est point usité. — *Futur.* Je décherrai, tu décherras, etc. — *Conditionnel.* Je décherrais, tu décherrais, etc. — *Présent du subjonctif.* Que je déchoie, que tu déchoies, qu'il déchoie, que nous déchoyions, que vous déchoyiez, qu'ils déchoient.
Échoir............	*Présent de l'affirmatif.* Il échoit ou il échet, ils échoient ou ils échéent. Le reste comme déchoir.
Falloir (unipers.)	Point de *participe actif.* — *Participe passif.* Fallu. — *Présent de l'affirmatif.* Il faut. — *Passé défini.* Il fallut. *Imparfait de l'affirmatif.* Il fallait. — *Futur.* Il faudra. — *Conditionnel.* Il faudrait. — *Présent du subjonctif.* Qu'il faille.

TEMPS SIMPLES DE L'INDÉFINI.	IRRÉGULARITÉS ET DÉFECTUOSITÉS.
Mouvoir..........	*Participe passif.* Mû. — *Présent de l'affirmatif.* Je meus, tu meus, il meut,... ils meuvent. — *Passé défini.* Je mus, tu mus, etc. *Présent du subjonctif.* Que je meuve, que tu meuves, qu'il meuve,... qu'ils meuvent. Promouvoir ne s'emploie guère qu'à l'*indéfini* et aux temps composés. Le *participe passif* est promu.
Pleuvoir (uniper.)	*Participe passif.* Plu. — *Présent de l'affirmatif.* Il pleut. Les troisièmes personnes plurielles de ce verbe s'emploient figurément.
Pourvoir.........	*Participe actif.* Pourvoyant.
Pouvoir..........	*Participe passif.* Pu. — *Présent de l'affirmatif.* Je peux *ou* je puis, tu peux, il peut,... ils peuvent. — *Passé défini.* Je pus, tu pus, etc. *Futur.* Je pourrai, tu pourras, etc. — *Conditionnel.* Je pourrais, tu pourrais, etc. — *Présent du subjonctif.* Que je puisse, que tu puisses, etc. Point d'*impératif* ni de *participe passif* féminin. *Présent de l'affirmatif employé interrogativement.* Puis-je? (seule forme usitée), peux-tu? etc.
Ravoir...........	Composé d'avoir, seul temps usité.
Savoir...........	*Participe actif.* Sachant. — *Participe passif.* Su. — *Présent de l'affirmatif.* Je sais, tu sais, il sait, nous savons, vous savez, ils savent. — *Passé défini.* Je sus, tu sus, etc. *Imparfait de l'affirmatif.* — Je savais, tu savais, etc. — *Futur.* Je saurai, tu sauras, etc. — *Conditionnel.* Je saurais, tu saurais, etc. — *Impératif.* Sache, sachons, sachez.

TEMPS SIMPLES DE L'INDÉFINI.	IRRÉGULARITÉS ET DÉFECTUOSITÉS.

Valoir.

Présent de l'affirmatif. Je vaux, tu vaux, il vaut ,... ils valent.
Futur. Je vaudrai, tu vaudras, etc. — *Conditionnel.* Je vaudrais, tu vaudrais, etc. — Point d'*impératif.* — *Présent du subjonctif.* Que je vaille, que tu vailles, qu'il vaille,... qu'ils vaillent.
Prévaloir se conjugue comme valoir, excepté qu'au *présent du subjonctif* il est régulier.

Voir.

Participe actif. Voyant. — *Participe passif.* Vu. *Passé défini.* Je vis, tu vis, etc.
Futur. Je verrai, tu verras, etc. — *Conditionnel.* Je verrais, tu verrais, etc.
Prévoir fait au *futur,* je prévoirai, tu prévoiras, etc., et au *conditionnel,* je prévoirais, tu prévoirais, etc. ; il se conjugue du reste comme voir.

Vouloir.

Présent de l'affirmatif. Je veux, tu veux, il veut ,... ils veulent.
Futur. Je voudrai, tu voudras, etc. — *Conditionnel.* Je voudrais, tu voudrais, etc. — *Impératif.* Veux et veuille, voulons, voulez et veuillez. — *Présent du subjonctif.* Que je veuille, que tu veuilles, qu'il veuille ,... qu'ils veuillent.

Quatrième conjugaison.

Absoudre.

Participe actif. Absolvant. — *Participe passif.* Absous, au féminin absoute. — *Présent de l'affirmatif.* J'absous, tu absous, il absout. — Point de *passé défini.*
Résoudre, fait au *participe passif,* résolu et résous, et au *passé défini,* je résolus, tu résolus, etc.

TEMPS SIMPLES DE L'INDÉFINI.	IRRÉGULARITÉS ET DÉFECTUOSITÉS.
Battre............	*Présent de l'affirmatif.* Je bats, tu bats, il bat.
Boire............	*Participe actif.* Buvant. — *Participe passif.* Bu. — *Présent de l'affirmatif.* Il boit, ils boivent. — *Passé défini.* Je bus, tu bus, etc. *Présent du subjonctif.* Que je boive, que tu boives, qu'il boive,... qu'ils boivent. Imboire. — Ce temps et le *participe passif* imbu sont seuls usités.
Braire............	*Présent de l'affirmatif.* Il brait, ils braient. *Futur.* Il braira, ils brairont. *Conditionnel.* Il brairait, ils brairaient. Le reste est inusité.
Bruire............	*Participe actif.* Bruyant *ou* bruissant. — *Présent de l'affirmatif.* Il bruit, ils bruyent *ou* bruissent. *Imparfait.* Ils bruyaient *ou* bruissaient. Le reste manque.
Circoncire........	*Participe actif.* Circoncisant. — *Participe passif.* Circoncis. — *Présent de l'affirmatif.* Il circoncit. — *Passé défini.* Je circoncis, tu circoncis, etc,
Clore............	*Participe passif.* Clos. — *Présent de l'affirmatif.* Je clos, tu clos, il clôt. *Futur.* Je clorai, tu cloras, etc. — *Conditionnel.* Je clorais, tu clorais, etc. — *Impératif.* Clos. — *Présent du subjonctif.* Que je close, que tu closes, etc. Le reste manque. Éclore. — *Participe passif.* Eclos. — *Présent de l'affirmatif.* Il éclôt, ils éclosent. *Futur.* Il éclôra, ils éclôront. — *Conditionnel.* Il éclôrait, ils éclôraient. — *Présent du subjonctif.* Qu'il éclose, qu'ils éclosent. Le reste manque.

TEMPS SIMPLES DE L'INDÉFINI.	IRRÉGULARITÉS ET DÉFECTUOSITÉS.
Conclure..........	*Participe passif.* Conclu. — *Présent de l'affirmatif.* Il conclut. — *Passé défini.* Je conclus, tu conclus, etc. Aux deux premières personnes plurielles de *l'imparfait de l'affirmatif* et du *présent du subjonctif*, on met un tréma sur l'*i* qui commence la désinence : que nous concluïons, que vous concluïez. D'inclure, qui n'est plus usité, il ne reste que le *participe passif* inclus. Reclure. — *Participe passif.* Reclus, recluse, et les temps composés. Le reste manque.
Confire..........	*Participe actif.* Confisant. — *Participe passif.* Confit. — *Présent de l'affirmatif.* Il confit. — *Passé défini.* Je confis, tu confis, etc. Déconfire. — Ce temps et le *participe passif* déconfit, sont seuls usités. Suffire. — *Participe passif.* Suffi. Le reste comme confire.
Coudre..........	*Participe actif.* Cousant. — *Participe passif.* Cousu. — *Passé défini.* Je cousis, tu cousis, etc.
Croire..........	*Participe actif.* Croyant. — *Participe passif.* Cru. — *Présent de l'affirmatif.* Il croit. — *Passé défini.* Je crus, tu crus, etc.
Croître..........	*Participe actif.* Croissant. — *Participe passif.* Crû. — *Présent de l'affirmatif.* Je croîs, tu croîs, il croît. — *Passé défini.* — Je crûs, tu crûs, etc. Ce verbe prend un accent circonflexe sur l'*i* et l'*u*, partout où l'on pourrait le confondre avec croire. Les composés décroître et accroître, ne pouvant donner lieu à aucune confusion, ne prennent d'accent circonflexe sur l'*i* que devant le *t*, et sur l'*u*, que dans les cas où l'on fait usage de cet accent dans les autres verbes.

TEMPS SIMPLES DE L'INDÉFINI.	IRRÉGULARITÉS ET DÉFECTUOSITÉS.
Détruire.........	*Participe actif.* Détruisant. — *Participe passif.* Détruit. — *Passé défini.* Je détruisis, tu détruisis , etc. On conjugue de même cuire et les verbes composés de struire , duire, et d'une ou de deux particules initiales inséparables : in struire, re pro duire.
Dire.	*Participe actif.* Disant. — *Participe passif.* Dit. — *Présent de l'affirmatif.* Il dit... , vous dites. — *Passé défini.* Je dis, tu dis , etc. Seconde personne du pluriel de l'*impératif.* Dites. Redire se conjugue entièrement comme dire. A l'égard des composés , contredire , dédire, interdire, médire, prédire, on dit régulièrement, à la deuxième personne du pluriel du *présent de l'affirmatif*, vous contredisez , vous dédisez , vous interdisez , vous médisez , vous prédisez, et par conséquent, à la même personne plurielle de l'impératif, contredisez , dédisez , etc. Maudire fait au *participe actif* maudissant , et par conséquent nous maudissons , vous maudissez , ils maudissent ; je maudissais , tu maudissais , etc. ; maudissons , maudissez ; que je maudisse , que tu maudisses , etc. — Dans les autres temps, maudire se conjugue comme dire.
Écrire............	*Participe actif.* Écrivant. — *Participe passif.* Écrit. — *Présent de l'affirmatif.* Il écrit. — *Passé défini.* J'écrivis, tu écrivis , etc. Circonscrire, décrire, inscrire, prescrire, proscrire , récrire , souscrire et transcrire, se conjuguent de même.

TEMPS SIMPLES DE L'INDÉFINI.	IRRÉGULARITÉS ET DÉFECTUOSITÉS.
Faire............	*Participe actif.* Faisant. — *Participe passif.* Fait. — *Présent de l'affirmatif.* Il fait, vous faites, ils font. — *Passé défini.* Je fis, tu fis, etc. *Futur.* Je ferai, tu feras, etc. — *Conditionnel.* Je ferais, tu ferais, etc. — *Présent du subjonctif.* Que je fasse, que tu fasses, etc.
Forfaire..........	Ce temps, le *participe passif* forfait et les temps composés sont seuls en usage. Malfaire et méfaire ne sont usités qu'au *temps simple de l'indéfini.*
Frire..........	*Participe passif.* Frit, frite, et les temps formés de ce participe. — *Présent de l'affirmatif.* Je fris, tu fris, il frit. *Futur.* Je frirai, tu friras, etc. — *Conditionnel.* Je frirais, tu frirais, etc. — *Impératif.* Fris. Le reste manque ; pour y suppléer on se sert du verbe faire, que l'on joint à l'indéfini frire : nous faisons frire, vous faites frire, ils font frire ; je faisais frire, tu faisais frire, etc.
Lire..............	*Participe actif.* Lisant. — *Participe passif.* Lu. — *Présent de l'affirmatif.* Il lit. — *Passé défini.* Je lus, tu lus, etc.
Luire............	*Participe actif.* Luisant. — *Participe passif.* Lui. — *Présent de l'affirmatif.* Il luit. — Point de *passé défini.*
Mettre...........	*Participe passif.* Mis. — *Présent de l'affirmatif.* Je mets, tu mets, il met. — *Passé défini.* Je mis, tu mis, etc.
Moudre...........	*Participe actif.* Moulant. — *Participe passif.* Moulu. — *Passé défini.* Je moulus, tu moulus, etc.

TEMPS SIMPLES DE L'INDÉFINI.	IRRÉGULARITÉS ET DÉFECTUOSITÉS.
Naître............	*Participe actif.* Naissant. — *Participe passif.* Né. — *Présent de l'affirmatif.* Je nais, tu nais, il naît. — *Passé défini.* Je naquis, tu naquis, etc. Le *participe passif* du composé renaître ne s'emploie pas.
Nuire............	*Participe actif.* Nuisant. — *Participe passif.* Nui. — *Présent de l'affirmatif.* Il nuit. *Passé défini.* Je nuisis, tu nuisis, etc.
Paître..........	*Participe actif.* Paissant. — *Participe passif.* Pu. — *Présent de l'affirmatif.* Je pais, tu pais, il paît. — Point de *passé défini.* Se repaître a le *passé défini* je me repus, tu te repus, etc., et par conséquent l'*imparfait du subjonctif.*
Paraître..........	*Participe actif.* Paraissant. — *Participe passif.* Paru. — *Présent de l'affirmatif.* Je parais, tu parais, il paraît. *Passé défini.* Je parus, tu parus, etc. Connaître et ses composés se conjuguent de même.
Peindre..........	*Participe actif.* Peignant. — *Participe passif.* Peint. — *Présent de l'affirmatif.* Je peins, tu peins, il peint. — *Passé défini.* Je peignis, tu peignis, etc. On conjugue de même tous les verbes en aindre, eindre, oindre.
Plaire............	*Participe actif.* Plaisant. — *Participe passif.* Plu. — *Présent de l'affirmatif.* Il plaît. — *Passé défini.* Je plus, tu plus, etc.
Prendre........	*Participe actif.* Prenant. — *Participe passif* Pris. — *Présent de l'affirmatif.* Ils prennent. — *Passé défini.* Je pris, tu pris, etc. *Présent du subjonctif.* Que je prenne, que tu prennes, qu'il prenne..., qu'ils prennent.

TEMPS SIMPLES DE L'INDÉFINI.	IRRÉGULARITÉS ET DÉFECTUOSITÉS.
Rire...............	*Participe actif.* Riant. — *Participe passif.* Ri. — *Présent de l'affirmatif.* Il rit. — *Passé défini.* Je ris, tu ris, etc.
Rompre..........	*Présent de l'affirmatif.* Il rompt.
Sourdre (sortir de terre)..........	*Présent de l'affirmatif.* Il sourd, ils sourdent. Le reste manque.
Suivre............	*Participe passif.* Suivi. — *Présent de l'affirmatif.* Je suis, tu suis, il suit.
Taire.............	*Participe actif.* Taisant. — *Participe passif.* Tu. — *Présent de l'affirmatif.* Il tait. — *Passé défini.* Je tus, tu tus, etc.
Tistre............	Inusité, se remplace par tisser. — *Participe passif.* Tissu. Le reste manque.
Traire............	*Participe actif.* Trayant. — *Participe passif.* Trait. — *Présent de l'affirmatif.* Il trait. — Point de *passé défini.*
Vaincre	*Participe actif.* Vainquant. — *Présent de l'affirmatif.* Il vainc. — *Passé défini.* Je vainquis, tu vainquis, etc. Vaincs, seconde personne singulière de l'*impératif*, n'est point en usage.
Vivre............	*Participe passif.* Vécu. — *Présent de l'affirmatif.* Je vis, tu vis, il vit. — *Passé défini.* Je vécus, tu vécus, etc.

Verbes à conjuguer en regard : *Ressortir* (sortir de nouveau) et *ressortir* (être du ressort) ; *croire* et *croître* ; *recouvrer* et *recouvrir* ; *soufrer* et *souffrir* ; *dédier* et *dédire* ; *lier* et *lire* ; *mouler* et *moudre* ; *peigner* et *peindre* ; *bâtir* et *battre* ; *desservir* et *asservir* ; *revêtir* et *investir*.

Phrases à conjuguer : *Renvoyer un domestique et en prendre un autre ; cueillir une fleur et l'offrir à sa mère ; savoir un métier et pourvoir à ses besoins ; promettre avec réflexion et tenir avec exactitude ; croire en Dieu et le servir avec amour ; débattre une affaire , la conclure avec bonheur ; ne nuire à personne , subvenir aux besoins de ses semblables ; écrire une lettre et la mettre à la poste.*

RÈGLES GÉNÉRALES SUR L'ORTHOGRAPHE DES VERBES.

217. La seconde personne du singulier, dans tous les verbes et à tous les temps, a pour lettre finale un *s*, excepté : 1° *tu peux, tu veux, tu vaux, tu équivaux, tu prévaux*. secondes personnes singulières du présent de l'affirmatif; 2° la seconde personne singulière de l'impératif des verbes de la première conjugaison; 3° *va, aie, sache*, secondes personnes singulières de l'impératif des verbes *aller, avoir, savoir*.

218. La première personne plurielle de tous les temps, dans tous les verbes, a pour lettre finale un *s*.

219. Toutes les secondes personnes plurielles se terminent par un *s* quand l'*e* de la dernière syllabe est muet, et par un *z* quand il est fermé.

220. Toutes les troisièmes personnes plurielles sont terminées par *ent* ou par *nt*.

221. Les désinences de l'imparfait de l'affirmatif, sont les mêmes dans tous les verbes, tant réguliers qu'irréguliers. Il en est de même de celles du présent du subjonctif. *Avoir* et *être* ont seuls, au présent du subjonctif, des désinences exceptionnelles : *qu'il ait ; que je sois, que tu sois, qu'il soit.*

222. A la première et à la seconde personne plurielle du passé défini, on met un accent circonflexe sur la voyelle qui précède la dernière syllabe.

223. Le futur de l'affirmatif est toujours en *erai, eras*, etc., ou en *rai, ras*, etc.

224. La troisième personne singulière de l'imparfait du subjonctif des verbes de la première conjugaison, est la seule qui se termine par un *a* suivi d'un *t*. Dans aucun autre temps de la première conjugaison, ni dans aucun temps des trois dernières, l'*a* n'est suivi d'un *t* final.

225. La troisième personne du singulier de l'imparfait du subjonctif se termine par *ât*, *ît*, *ût*, *înt*; on met un accent circonflexe sur la voyelle qui précède le *t* ou le *n*.

226. Le participe actif simple est toujours terminé en *ant*.

227. Les lettres qui terminent le participe passif, sont : *é, i, u, t, s*.

CONJUGAISON
DES VERBES INTRANSITIFS.

228. Les temps simples des *verbes intransitifs* sont conformes aux modèles des quatre conjugaisons ou au tableau des verbes irréguliers.

229. Le plus grand nombre des verbes intransitifs se conjuguent avec *avoir*, dans leurs temps composés, comme *éternuer, dormir, plaire*, qui font *j'ai éternué, j'ai dormi, j'ai plu*.

230. Un certain nombre de verbes intransitifs se conjuguent avec *avoir*, si l'on veut exprimer une action, ou avec *être*, si l'on veut exprimer un état. Ainsi *passer* fait *il a passé* et *il est passé*; *périr, il a péri* et *il est péri*.

231. Les verbes qui suivent, empruntent seulement le verbe *être* pour former leurs temps composés : *aller, arriver, décéder, éclore, mourir, naître, tomber, venir*, et ses composés *devenir, intervenir, parvenir, provenir, revenir, survenir. Contrevenir* et *subvenir* se conjuguent avec *avoir*. *Convenir*, dans le sens d'*être sortable*, de *plaire*, demande le verbe *avoir*; il prend le verbe *être*, quand il signifie *demeurer d'accord*.

232. Le verbe *être* doit toujours s'employer au même temps où l'on met le verbe *avoir*, dans les temps composés qui se forment avec l'aide de ce dernier.

MODÈLE DE CONJUGAISON DES VERBES INTRANSITIFS QUI SE CONJUGUENT AVEC **ÊTRE** DANS LEURS TEMPS COMPOSÉS.

AFFIRMATIF.

PRÉSENT.

Je tombe.
Tu tombes.
Il *ou* elle tombe.
Nous tombons.
Vous tombez.
Ils *ou* elles tombent.

IMPARFAIT.

Je tombais.
Tu tombais.
Il *ou* elle tombait.
Nous tombions.
Vous tombiez.
Ils *ou* elles tombaient.

PASSÉ DÉFINI.

Je tombai.
Tu tombas.
Il *ou* elle tomba.
Nous tombâmes.
Vous tombâtes.
Ils *ou* elles tombèrent.

PASSÉ INDÉFINI.

Je suis } tombé *ou* tombée.
Tu es
Il est tombé.
Elle est tombée.

Nous sommes } tombés *ou*
Vous êtes } tombées.
Ils sont tombés.
Elles sont tombées.

PASSÉ ANTÉRIEUR.

Je fus } tombé *ou* tombée.
Tu fus
Il fut tombé.
Elle fut tombée.
Nous fûmes } tombés
Vous fûtes } *ou* tombées.
Ils furent tombés.
Elles furent tombées.

Point de PASSÉ ANTÉRIEUR SURCOMPOSÉ.

PLUS-QUE-PASSÉ.

J'étais } tombé *ou* tombée.
Tu étais
Il était tombé.
Elle était tombée.
Nous étions } tombés
Vous étiez } *ou* tombées.
Ils étaient tombés.
Elles étaient tombées.

FUTUR SIMPLE.

Je tomberai.
Tu tomberas.

Il *ou* elle tombera.
Nous tomberons.
Vous tomberez.
Ils *ou* elles tomberont.

FUTUR COMPOSÉ.

Je serai }
Tu seras } tombé *ou* tombée.
Il sera tombé.
Elle sera tombée.
Nous serons }
Vous serez } *ou* tombées. tombés
Ils seront tombés.
Elles seront tombées.

CONDITIONNEL.

TEMPS SIMPLE.

Je tomberais.
Tu tomberais.
Il *ou* elle tomberait.
Nous tomberions.
Vous tomberiez.
Ils ou elles tomberaient.

TEMPS COMPOSÉ.

Je serais }
Tu serais } tombé *ou* tombée.
Il serait tombé.
Elle serait tombée.
Nous serions } tombés
Vous seriez } *ou* tombées.
Ils seraient tombés.
Elles seraient tombées.

On dit aussi :

Je fusse }
Tu fusses } tombé *ou* tombée.
Il fût tombé.
Elle fût tombée.
Nous fussions } tombés
Vous fussiez } *ou* tombées.
Ils fussent tombés.
Elles fussent tombées.

IMPÉRATIF.

Point de première person-

ne du singulier, ni de troisième pour les deux nom-
bres.

Tombe.
Tombons.
Tombez.

SUBJONCTIF.

PRÉSENT *ou* FUTUR.

Que je tombe.
Que tu tombes.
Qu'il *ou* qu'elle tombe.
Que nous tombions.
Que vous tombiez.
Qu'ils *ou* qu'elles tombent.

IMPARFAIT.

Que je tombasse.
Que tu tombasses.
Qu'il *ou* qu'elle tombât.
Que nous tombassions.
Que vous tombassiez.
Qu'ils *ou* qu'elles tombassent.

PASSÉ.

Que je sois } tombé
Que tu sois } *ou* tombée.
Qu'il soit tombé.
Qu'elle soit tombée.
Que nous soyons } tombés *ou*
Que vous soyez } tombées.
Qu'ils soient tombés.
Qu'elles soient tombées.

PLUS-QUE-PASSÉ.

Que je fusse } tombé
Que tu fusses } *ou* tombée.
Qu'il fût tombé.
Qu'elle fût tombée.
Que nous fussions } tombés *ou*
Que vous fussiez } tombées.
Qu'ils fussent tombés.
Qu'elles fussent tombées.

MODE INDÉFINI.	PARTICIPE ACTIF SIMPLE.
TEMPS SIMPLE.	Tombant.
Tomber.	**PARTICIPE ACTIF COMPOSÉ.** Étant tombé.
TEMPS COMPOSÉ.	**PARTICIPE PASSIF.**
Être tombé *ou* tombée.	Le tonnerre tombé. La foudre tombée.

Verbes à conjuguer en regard : *Répartir* (distribuer), et *repartir* (partir de nouveau).

Phrases à conjuguer : *Aller à Londres et en revenir en peu de temps ; vouloir avec persévérance et en venir à ses fins ; combattre avec courage et mourir avec gloire.*

VERBES PASSIFS.

233. Nous n'avons point de forme simple qui soit l'opposé du verbe transitif actif : pour exprimer l'action que subit un sujet, nous nous servons du verbe *être* auquel nous joignons le *participe passif. Être frappé* est le passif de *frapper.*

Participes passifs à joindre au verbe *être,* dans tous ses temps : *aimé, oublié, averti, enhardi, aperçu, entendu, astreint, introduit, admis.*

Verbes actifs et *verbes passifs* à conjuguer en regard :

Juger et *être jugé*
Applaudir et *être applaudi*
Recevoir et *être reçu*
Reprendre et *être repris*
    à son tour.

CONJUGAISON

DES VERBES RÉFLÉCHIS.

234. Les *verbes réfléchis* n'ont point de conjugaison qui leur soit propre. Dans les temps simples,

ils se conjuguent de la même manière que les verbes de la conjugaison à laquelle ils appartiennent respectivement ; et dans les temps composés, ils prennent, comme *tomber*, le verbe *être* pour auxiliaire.

SE REPENTIR.

AFFIRMATIF

PRÉSENT.

Je me repens.
Tu te repens.
Il *ou* elle se repent
Nous nous repentons.
Vous vous repentez.
Ils *ou* elles se repentent.

IMPARFAIT.

Je me repentais.
Tu te repentais.
Il *ou* elle se repentait.
Nous nous repentions.
Vous vous repentiez.
Ils *ou* elles se repentaient.

PASSÉ DÉFINI.

Je me repentis.
Tu te repentis.
Il *ou* elle se repentit.
Nous nous repentîmes.
Vous vous repentîtes.
Ils *ou* elles se repentirent.

PASSÉ INDÉFINI.

Je me suis ⎰ repenti
Tu t'es ⎱ *ou* repentie.
Il s'est repenti.
Elle s'est repentie.

Nous nous sommes ⎰ repentis
Vous vous êtes ⎱ *ou* re-penties.

Ils se sont repentis.
Elles se sont repenties.

PASSÉ ANTÉRIEUR.

Je me fus ⎰ repenti
Tu te fus ⎱ *ou* repentie.

Il se fut repenti.
Elle se fut repentie.
Nous nous fûmes ⎰ repentis *ou*
Vous vous fûtes ⎱ repenties.
Ils se furent repentis.
Elles se furent repenties.
Point de PASSÉ ANTÉRIEUR SURCOMPOSÉ.

PLUS-QUE-PASSÉ.

Je m'étais ⎰ repenti
Tu t'étais ⎱ *ou* repentie.
Il s'était repenti.
Elle s'était repentie.
Nous nous étions ⎰ repentis *ou*
Vous vous étiez ⎱ repenties.
Ils s'étaient repentis.
Elles s'étaient repenties.

FUTUR SIMPLE.

Je me repentirai.
Tu te repentiras.
Il *ou* elle se repentira.
Nous nous repentirons.
Vous vous repentirez.
Ils *ou* elles se repentiront.

FUTUR COMPOSÉ.

Je me serai ⎰ repenti
Tu te seras ⎱ *ou* repentie.
Il se sera repenti.
Elle se sera repentie.
Nous nous serons ⎰ repentis *ou*
Vous vous serez ⎱ repenties.
Ils se seront repentis.
Elles se seront repenties.

CONDITIONNEL.

TEMPS SIMPLE.

Je me repentirais.

Tu te repentirais.
Il *ou* elle se repentirait.
Nous nous repentirions.
Vous vous repentiriez
Ils *ou* elles se repentiraient.

TEMPS COMPOSÉ.

Je me serais ⎱ repenti
Tu te serais ⎰ *ou* repentie.
Il se serait repenti.
Elle se serait repentie.

Nous nous serions ⎱ repentis
Vous vous seriez ⎰ *ou* repenties.
Ils se seraient repentis.
Elles se seraient repenties.

On dit aussi :

Je me fusse ⎱ repenti
Tu te fusses ⎰ *ou* repentie.
Il se fût repenti.
Elle se fût repentie.

Nous nous fussions ⎱ repentis
Vous vous fussiez ⎰ *ou* re-penties.
Ils se fussent repentis.
Elles se fussent repenties.

IMPÉRATIF.

Point de première person-ne du singulier, ni de troi-sième pour les deux nombres.

Repens-toi.
Repentons-nous.
Repentez-vous.

SUBJONCTIF.

PRÉSENT *ou* FUTUR.

Que je me repente.
Que tu te repentes.
Qu'il *ou* qu'elle se repente.
Que nous nous repentions.
Que vous vous repentiez.
Qu'ils *ou* qu'elles se repen-tent.

IMPARFAIT.

Que je me repentisse.
Que tu te repentisses.
Qu'il *ou* qu'elle se repentît.
Que nous nous repentissions.
Que vous vous repentissiez.
Qu'ils *ou* qu'elles se repentis-sent.

PASSÉ.

Que je me sois ⎱ repenti *ou*
Que tu te sois ⎰ repentie.
Qu'il se soit repenti.
Qu'elle se soit repentie.

Que nous nous soyons ⎱ repentis
Que vous vous soyez ⎰ *ou* repenties
Qu'ils se soient repentis.
Qu'elles se soient repenties.

PLUS-QUE-PASSÉ.

Que je me fusse ⎱ repenti
Que tu te fusses ⎰ *ou* repentie.
Qu'il se fût repenti.
Qu'elle se fût repentie.

Que nous nous fus-sions ⎱ repentis
Que vous vous fussiez ⎰ *ou* repenties
Qu'ils se fussent repentis.
Qu'elles se fussent repenties.

MODE INDÉFINI.

TEMPS SIMPLE.

Se repentir.

TEMPS COMPOSÉ.

S'être repenti ou repentie.

PARTICIPE ACTIF SIMPLE.

Se repentant.

PARTICIPE ACTIF COMPOSÉ.

S'étant repenti ou repentie.

Le participe passif des verbes réfléchis essentiels ne s'emploie que dans les temps composés.

Conjuguez de même les verbes réfléchis essentiels *s'abstenir avec sagesse, s'apitoyer, s'efforcer, s'emparer, s'empresser, s'en aller, s'enquérir, s'extasier. s'immiscer, s'ingénier, se servir* (faire usage de). *se souvenir.*

On dit aux temps composés du verbe *s'en aller :* *Je m'en suis allé, tu t'en es allé,* etc., *je m'en étais allé, tu t'en étais allé* ; et à l'impératif : *Va-t'en, allons-nous-en, allez-vous-en.*

Conjuguez en regard :
Départir (distribuer) et *se départir* (se désister) ;
Tromper, se tromper, être trompé ;
Contenir, se contenir, être contenu.

Phrases à conjuguer : *S'adonner à l'étude et devenir un homme instruit ; se connaître soi-même.*

CONJUGAISON

DU VERBE UNIPERSONNEL.

235. Le *verbe unipersonnel* se conjugue selon le modèle de la conjugaison à laquelle il appartient. L'impératif n'est guère usité. A l'indéfini, le temps simple est seul en usage. *Il faut, il importe,* ne peuvent s'employer au passé antérieur surcomposé.

236. Les verbes unipersonnels se conjuguent les uns avec *avoir,* les autres avec *être : Il* A *plu, il* A *tonné ; il* EST *important, il* EST *résulté.*

NEIGER.

AFFIRMATIF.	PASSÉ DÉFINI.
PRÉSENT.	Il neigea.
Il neige.	
IMPARFAIT.	PASSÉ INDÉFINI.
Il neigeait.	Il a neigé.

PASSÉ ANTÉRIEUR.
Il eut neigé.

PASSÉ ANTÉRIEUR SURCOMPOSÉ.
Il a eu neigé.

PLUS-QUE-PASSÉ.
Il avait neigé.

FUTUR SIMPLE.
Il neigera.

FUTUR COMPOSÉ.
Il aura neigé.

CONDITIONNEL.

TEMPS SIMPLE.
Il neigerait.

TEMPS COMPOSÉ.
Il aurait *ou* il eût neigé.

SUBJONCTIF.

PRÉSENT *ou* FUTUR.
Qu'il neige.

IMPARFAIT.
Qu'il neigeât.

PASSÉ.
Qu'il ait neigé.

PLUS-QUE-PASSÉ.
Qu'il eût neigé.

MODE INDÉFINI.

TEMPS SIMPLE.
Neiger.

Verbes unipersonnels à conjuguer : *Il grêle, il pleut, il tonne, il vente, il faut, il importe, il résulte, il y a.*

CHAPITRE VII.

Du Participe.

237. Il y a deux sortes de participes : le *participe actif* et le *participe passif*. L'un correspond à l'autre ; l'un suppose l'autre : le premier exprime en général l'action ; le second, l'état.

Je ne suis point BATTANT *, de peur d'être* BATTU.
Molière, *Sganarelle*, scène 17.

238. Le participe actif ni le participe passif n'expriment aucun temps particulier.

239. Comme le qualificatif, le participe actif et le participe passif s'ajoutent au substantif ou s'y rapportent.

240. Le participe actif partage la vertu transitive ou intransitive du verbe à la conjugaison duquel il se rattache. La terminaison en reste généralement la même.

241. Le participe passif varie : on y ajoute un *e* muet pour former le féminin ; on y ajoute un *s* pour former le pluriel, s'il n'est pas terminé au masculin singulier par cette lettre.

CHAPITRE VIII.

DES MOTS INVARIABLES.

De la Préposition.

242. Les prépositions expriment des rapports de *situation*, d'*ordre*, de *concomitance* ou de *réunion*, de *séparation*, d'*opposition*, de *tendance*, de *moyen*.

Exemples : *Les Chambres siégent* à *Paris.*

A exprime un rapport de *situation.*

Le devoir AVANT *tout.*

Avant marque un rapport d'*ordre.*

Celui qui n'est point AVEC *moi est* CONTRE *moi.*

Avec marque un rapport de *concomitance ; contre* un rapport d'*opposition.*

Mahomet s'enfuit DE *la Mecque* à *Médine.*

De marque un rapport de *séparation ;* à marque un rapport de *tendance.*

Henri IV se fit aimer PAR *sa bonté. Il fut assassiné* PAR *Ravaillac.*

Le premier *par* désigne le *moyen ;* le second, l'*agent.*

243. On appelle *locution prépositive* tout assemblage de mots faisant l'office de préposition.

Exemples : *A côté de, autour de, en deçà de , au delà de :
— en tête de , à la suite de ; — hors de, loin de, à la réserve de ; — à l'opposite de , vis-à-vis de ; — jusqu'à ; — à la faveur de, à force de, à l'insu de.*

244. Les grammairiens mettent au nombre des prépositions :

Attenant, participe actif du verbe inusité *attenir* (tenir à),

Attendu, participe passif du verbe *attendre*, pris dans le sens étymologique de *faire attention*,

Concernant, participe actif de *concerner*,

Excepté, participe passif d'*excepter*,

Hormis, composé de l'adverbe *hors* (en dehors) et de *mis*, participe passif de *mettre*,

Joignant, participe actif de *joindre*,

Moyennant, participe actif de *moyenner*, vieux mot qui signifie *procurer*,

Nonobstant, adverbe de négation et participe actif latin francisé : ces deux mots signifient *ne s'opposant pas*,

Plein, qualificatif *plein, pleine,*

Sauf, qualificatif *sauf, sauve,*

Supposé, participe passif de *supposer*,

Vu, participe passif de *voir*,

Voici, voilà, mots formés de l'impératif du verbe *voir* et des adverbes *ici* et *là*.

CHAPITRE IX.

De l'Adverbe.

245. Il y a des *adverbes de temps , de lieu, d'ordre, de quantité, de manière, d'affirmation, de négation* et *de doute, de comparaison.*

EXEMPLES :

Un sot trouve TOUJOURS *un* PLUS *sot qui l'admire.*
Boileau, *Art poétique*, chant Ier, dernier vers.

Toujours est un *adverbe de temps ; plus*, un adverbe de comparaison.

Dieu est présent PARTOUT.

Partout est un *adverbe de lieu.*

Travaillez D'ABORD, *vous vous amuserez* ENSUITE.

D'abord et *ensuite* marquent l'ordre.

TROP *parler nuit.*

Trop marque la *quantité.*

La rhétorique est l'art de BIEN *dire.*

Bien exprime la *manière.*

NE *fais pas ce que tous* NE *pourraient pas faire sans préjudice pour l'humanité.*

Ne est un *adverbe de négation.*

246. Tous les adverbes en *ment* sont formés de cette syllabe finale ajoutée à un qualificatif.

247. Lorsque le qualificatif est terminé au masculin par une voyelle, on y ajoute la syllabe finale *ment* pour en faire un adverbe.

EXEMPLES : *Fidèle, fidèlement ; joli , joliment ; résolu, résolument.*

Gentil fait *gentiment*, la lettre *l* qui termine *gentil* ne se prononçant pas.

248. *Impunément* se forme irrégulièrement de *impuni*.

249. Si le qualificatif est terminé au masculin par une consonne, c'est à la forme du féminin qu'on ajoute *ment*.

EXEMPLES : *Pareil, pareille, pareillement ; dévot, dévote. dévotement ; délicat, délicate, délicatement.*

C'est aussi au féminin des qualificatifs *fou, mou. beau, nouveau,* qu'on ajoute cette syllabe finale pour en former des adverbes : *folle. follement ; molle, mollement ; belle, bellement ; nouvelle, nouvellement.*

250. Quand le qualificatif est terminé au féminin par *ante* ou par *ente*, les trois dernières lettres *n t e* se changent en *m* devant la syllabe finale *ment*. *Elégant, élégante, élégamment ; diligent, diligente, diligemment*. — Cependant *lent, lente ; présent, présente ; véhément, véhémente*, font *lentement, présentement, véhémentement* par la simple addition de *ment* au féminin.

251. Dans *commodément*, formé du qualificatif masculin *commode* ; dans *confusément*, formé de *confuse*, féminin de *confus*, et dans quelques autres adverbes formés d'une manière analogue, l'*e* qui précède la syllabe finale *ment* est surmonté d'un accent aigu par raison de prononciation.

Traître fait *traîtreusement*.

252. Un certain nombre d'adverbes en *ment* forment, avec les prépositions *de* ou *à* dont on les fait suivre, des locutions prépositives. Les prépositions sont les mêmes que celles qu'on met après les adjectifs dont les adverbes sont formés.

Exemples : *Antérieurement à, conformément à.*

253. On dit de certains qualificatifs qui ne se rapportent à aucun substantif exprimé et qui semblent modifier directement un verbe, qu'ils sont employés adverbialement ; tels sont les qualificatifs *bas, fort, clair*, dans les expressions *parler bas, frapper fort, voir clair*. En réalité, ces qualificatifs se rapportent à des substantifs sous-entendus : *parler bas, frapper fort, voir clair*, signifient *parler d'un ton bas, frapper à coup fort, voir d'un œil clair*.

254. Le comparatif de *bien* est *mieux*, celui de *mal* est *pis* : *Il est* bien *de prier, mais il est* mieux *de faire de bonnes œuvres* (Académie).

Les comparatifs et les superlatifs des autres adverbes susceptibles de degrés, se forment de la même manière que les comparatifs et les superlatifs des qualificatifs, c'est-à-dire au moyen des mots *plus, moins, aussi, ne pas si, très, le plus.*

255. On appelle *locution adverbiale* tout assemblage de mots servant à modifier soit un qualificatif, soit un verbe attributif, soit un autre adverbe ; tels sont : *à présent, dans peu, à la fin, à jamais, sans cesse ; — ci-après, ci-dessus, ci-dessous, quelque part, en avant, en arrière ; — de suite, tour à tour, pêle-mêle ; — au plus, au moins, tout à fait ; — à dessein, par hasard, tout de bon, à regret, à peine, à la mode, à la hâte, de biais ; — sans doute, à coup sûr, ne pas, ne point, ne que, peut-être ; — de même, à peu près, de mieux en mieux.*

256. *Oui*, participe passif du verbe *ouïr*, est mis par plusieurs grammairiens au rang des adverbes. — L'Académie regarde aussi *debout* comme un adverbe.

257. *Gratis* (gratuitement) et *incognito* (sans être connu) sont deux adverbes empruntés, le premier du latin, le second de l'italien.

CHAPITRE X.

De la Conjonction.

258. Les conjonctions marquent des rapports de *liaison*, de *division*, de *supposition*, d'*opposition*, de *temps*, de *cause* ou de *raison*, de *comparaison*, de *transition*, de *conclusion*.

Examples : *Le soleil éclaire* et *échauffe la terre.*

Et marque un rapport de *liaison*.

Toutes nos actions ont pour mobiles l'instinct ou *la raison.*

Ou marque *division*.

Il y en a beaucoup d'appelés, MAIS *peu d'élus.*

Mais marque *opposition.*

QUAND *on est malade, il est sage d'avoir recours aux mé-
decins ;* CAR, *s'ils conjecturent souvent, ils le font avec
plus de fondement que nous.*

Quand marque le *temps ; car,* la *raison ; si,* une
supposition.

Traitez les autres COMME *vous voudriez en être traité.*

Comme marque *comparaison.*

Tous les hommes sont mortels : OR *je suis homme ;* DONC
je suis mortel.

Or marque *transition, passage* d'une proposition
à une autre. *Donc* sert à *conclure.*

259. Tout assemblage de mots dont la fonction
est d'exprimer un rapport entre deux propositions,
se nomme *locution conjonctive* ; tels sont : *outre
que ; — ou bien, soit que ; — pourvu que, à moins
que, à condition que, au cas que, en cas que ; — bien
que, encore que, loin que ; — aussitôt que, dès que,
avant que, pendant que, tandis que ; — afin que,
de peur que, parce que, vu que, attendu que ; —
ainsi que, de même que ; — de sorte que, de façon
que.*

260. *Ainsi* (en cette manière) est tantôt adverbe,
tantôt conjonction. *Sinon,* formé de la conjonction
si et de l'adverbe *non,* et *soit* (que cela soit), troisième personne singulière du présent du subjonctif
du verbe *être,* font aussi l'office de conjonctions.

CHAPITRE XI.

De l'Interjection.

261. Le désir, la crainte, la joie, la douleur, la
surprise, l'admiration, l'aversion : tels sont les prin-

cipaux sentiments qu'exprime l'interjection. Elle sert encore à appeler, à interroger, à imposer silence ou bien à imiter le bruit instantané que fait une chose en tombant ou en se brisant.

EXEMPLES :

On ! laissez-moi fouler les feuilles desséchées,
Et m'égarer au fond des bois !
V. Hugo, les *Orientales*, Fantômes, II.

Oh sert à donner plus de force au désir exprimé.

Hélas ! petits moutons, que vous êtes heureux !
Mᵐᵉ Deshoulières, *Idylles*, les Moutons.

Hélas exprime un sentiment de douleur, de regret.

O courage, ô patrie !
Trois cents héros sont morts dans ce détroit fameux.
C. Delavigne, *Messéniennes*, la Dévastation
des musées et des monuments.

O exprime l'admiration.

Hé bien ! peuple royal de fantômes, dites-le-nous : Voudriez-vous revivre maintenant au prix d'une couronne ?
Châteaubriand, *Itinéraire de Paris à Jérusalem*,
les Tombes royales.

Hé bien sert à interroger.

262. On emploie comme interjections des mots et des assemblages de mots de toute espèce. Exemples : *Dieu ! Ciel ! Miséricorde ! Diantre ! Peste ! Quoi ! Courage ! Paix ! Silence ! — Bon ! Ferme ! — Allons ! Gare ! — Çà ! — Bon Dieu ! Grand Dieu ! Paix donc ! Fi donc ! Hé bien ! Hé quoi ! Ho çà ! Oui dà !*

CHAPITRE XII.

De l'Orthographe.

263. L'*Orthographe* est la manière d'écrire conformément aux règles et à l'usage.

264. Il y a deux espèces d'orthographe : l'*orthographe relative* et l'*orthographe absolue*. L'orthographe relative est déterminée par les rapports des mots entre eux ; l'orthographe absolue est celle des mots considérés en eux-mêmes.

DE L'ORTHOGRAPHE ABSOLUE.

265. La prononciation, l'étymologie, la dérivation, l'usage : tels sont les guides en fait d'orthographe absolue.

266. Un *mot primitif* est celui qui donne naissance à d'autres mots ; un *mot dérivé* est celui qui se forme d'un autre : *Bon* donne naissance à *bonté*, à *bonifier*, à *bonnement*. *Bon* est un mot primitif : *bonté, bonifier, bonnement*, en sont les dérivés.

267. On appelle *mot composé* un mot formé de plusieurs parties dont chacune prise séparément renferme un sens : *entremêler, contredire* sont composés de deux parties dont chacune offre un sens.

268. On appelle *mot simple* un mot qui n'est point formé de parties dont chacune prise séparément ait un sens : *mêler, dire*.

269. Une famille de mots se compose d'une racine, de dérivés et de composés.

270. Dans tous les mots de la même famille, on doit retrouver le même sens fondamental et la même racine.

Mettre : *metteur*, qui met ; *mettable*, qu'on peut mettre ; *admettre*, mettre à, recevoir à ; *commettre*, mettre avec ; *démettre*, mettre en bas ; *émettre*, mettre hors de ; *entremettre* (s'), mettre entre ; *omettre*, mettre devant, laisser aller, négliger : *permettre*, mettre à même, donner liberté ; *promettre*, mettre devant comme objet d'espérance ; *remettre*, mettre de nouveau ; *soumettre*, mettre sous ; *transmettre*, mettre au delà, faire passer, sont des mots de la même famille. La racine commune est *mett*, qui exprime l'*action* de placer, sens fondamental ; *eur* et *able* sont des désinences dont la première signifie *qui fait*, et la seconde *qu'on peut faire*. Les particules *ad*, *com, dé*, etc., qui précèdent le verbe *mettre*, forment avec lui des mots composés.

271. La consonne finale d'une multitude de mots est indiquée par leurs dérivés. Ainsi les consonnes qui terminent les mots *bond, fusil, galop, parfum, rang*, s'entendent dans *bondir, fusiller, galoper, parfumeur, ranger*.

272. Les mêmes sons s'écrivent, en général, de même dans les primitifs et dans les dérivés : *reconnaissant, reconnaissance ; adolescent, adolescence*, etc.

273. *Agrafe, carafe, girafe* s'écrivent par un seul *f*. *Gaffe* (perche), il *gaffe*, (il accroche avec une gaffe), *naffe* (eau de), *pataraffe, piaffe* (vaine somptuosité), vieux mot, il *piaffe* (terme de manége) en prennent deux. On écrit *parafe* ou *paraphe*, il *parafe* ou il *paraphe*. On écrit par *ph* : *ascalaphe, cénotaphe, épitaphe*, et tous les autres mots dont les deux dernières syllabes sont *graphe*.

274. *Aie* (a i e) termine *raie, baie* et tous les autres substantifs féminins dont la syllabe finale sonne de même à l'oreille. Excepté *paix*.

275. On écrit par *ain* (a i n) les trois verbes *contraindre, craindre* et *plaindre ;* et par *ein* (e i n) tous les autres verbes qui se terminent de même pour l'oreille : *enfreindre, feindre, peindre, teindre*, etc. — *Vaincre* et *convaincre* s'écrivent aussi par *ain* (a i n).

276. Dans les voyelles nasales *an* (a n), *en* (e n), *in* (i n) *yn* (y n), *on, un*, le *n* se change en *m* devant *b, m, p*.

Exemples : *Ambassade, emmaillotter, impie, sympathie, ombre, humblement.*

Exceptions : *bonbon, bonbonnière, nonpareil, néanmoins, nous vînmes, nous tînmes* et leurs composés. Dans *embonpoint*, la règle est appliquée et enfreinte.

277. *Épandre* et *répandre* s'écrivent par *a n;* tous les autres verbes de la quatrième conjugaison dont l'avant-dernière syllabe a le même son, s'écrivent par *e n : prendre, rendre,* etc.

On écrit aussi par *e n* le qualificatif *tendre* et les substantifs *cendre, gendre* et *scolopendre* (terme de botanique).

278. *Eau* termine, entre autres mots, ceux dont quelqu'un des analogues a un *e* suivi de *l.*

Exemples : *Bat*EAU, *bat*ELier; BEAUTé, BELLE : *cham*EAU. *cham*ELier; *mart*EAU, *mart*ELer; VEAU, *vê*ler.

279. *Eue* (e u e) termine les quatre substantifs *banlieue, lieue, queue, hochequeue* (sorte de petit oiseau), et les adjectifs féminins *bleue* et *feue.*

280. Les substantifs en *eur,* soit masculins, soit féminins, n'ont point d'*e* final : *Bonheur, odeur,* etc. Exceptions : *Chante-pleure* (sorte d'entonnoir) , *demeure, Eure* (rivière), *heure* (espace de temps), *plateure* (filon horizontal), qui sont féminins : *beurre, babeurre* (espèce de petit-lait) , *feurre* (paille) et *leurre* (appât), qui sont masculins et s'écrivent par deux *r.*

Dans les mots *égrugeure, gageure, mangeure,* qui sont de la même famille que *égruger, gager, manger,* et dans *vergeure,* l'*e* muet qui suit le *g* ne se prononce pas; il n'a d'autre objet que de donner au *g* l'articulation du *j.*

281. Les verbes de la quatrième conjugaison terminés en *ire* (i r e) ont, au temps simple de l'indéfini, le même son final que les verbes de la seconde conjugaison; on les reconnaît à ce que leur participe

actif simple est en *ivant* ou en *isant* (le *s* prononcé comme un *z*) : Dire, di*sant* ; suffire, suffi*sant*, écrire, écri*vant*.

Cependant brui*re* fait bruy*ant* ou brui*ssant* ; maudire, maudi*ssant* ; rire, ri*ant* ; sourire, souri*ant* ; et frire n'a point de participe actif simple.

282. Dans tous les substantifs qui viennent de verbes et dont la dernière syllabe sonne comme la dernière d'*abaissement*, on écrit cette syllabe *m e n t* : *Aboiement, démembrement*, etc. *Calmant*, participe actif du verbe *calmer*, pris substantivement, fait seul exception.

283. On écrit par œ : *OEil*, *œillet*. — On écrit œu par œ dans *bœuf, chœur* d'église, *cœur, Cœuvre* (ville), *mœuf* (mode), *mœurs, nœud, œuf, sœur. vœu, œuvre* et ses composés.

284. Quatre verbes en *re* ont, au temps simple de l'indéfini, le même son final que les verbes en *oir*; ce sont : *Boire, croire,* et leurs composés *imboire, accroire.*

285. *Armoire, balançoire, écritoire* et tous les autres substantifs féminins dont la terminaison est la même pour l'oreille, ont un *e* muet final. Il en est de même des qualificatifs, tant masculins que féminins : *Méritoire, obligatoire, provisoire. Noir,* dont le féminin est *noire,* fait seul exception.

286. *Bijon* (térébenthine commune), *donjon* et *goujon* s'écrivent par un *j* ; *badigeon, bourgeon, esturgeon, pigeon, plongeon, sauvageon, surgeon,* s'écrivent par un *g* suivi d'un *e*. — *Jonc* se termine par un *c*.

287. *Bajoue, boue, houe, joue, moue, proue, roue,* tous du féminin, sont les seuls substantifs qui se terminent par *oue*.— *Toux* se termine par un *x*.

288. Un certain nombre de mots se terminent par *our : Carrefour, tambour,* etc. —*Bravoure, loure*

8

(danse) et *bourre* prennent un *e* muet ; le dernier s'écrit avec deux *r*. On écrit *pandour* ou *pandoure* (nom de certains soldats hongrois).

289. *Tée* (t é e) termine les substantifs *dictée*, *portée* et tous les autres participes employés comme substantifs féminins, dont la syllabe finale est la même pour l'oreille.

Tée termine encore *assiettée*, *charretée* et tous les autres substantifs féminins qui expriment une idée déterminée de contenance et dont la syllabe finale sonne de même à l'oreille.

290. *Ue* (u e) termine les substantifs *rue*, *statue*, et tous les autres du genre féminin qui se terminent par le même son. Excepté : *Bru, glu, tribu, vertu.*

291. Les substantifs *azur, mur, fémur*, et tous les qualificatifs masculins dont la terminaison sonne de même à l'oreille, s'écrivent sans *e* muet final. Excepté *parjure*, substantif et qualificatif, qui se termine toujours par un *e* muet

292. *Accul, calcul, consul* et *recul*, substantifs, *nul*, adjectif masculin, s'écrivent sans *e* muet final. Tous les autres substantifs et adjectifs, soit masculins, soit féminins, qui se terminent de même pour l'oreille, prennent un *e* muet à la fin : *Bascule, capsule, cellule*, etc. — *Tulle* et *bulle* s'écrivent avec deux *l*.

293. Le *b* ne se double que dans *abbé, rabbin, sabbat, gibbeux* (bossu, élevé), *gibbosité*, et dans les dérivés des trois premiers mots.

294. Le *d* n'est doublé que dans *addition, additionnel, additionner, adducteur* (qui rapproche), *adduction* et *reddition*.

295. Le *g* n'est doublé que dans *agglomérer, agglutiner, aggraver, suggérer*, et dans les dérivés de ces mots.

296. Dans les mots qui commencent par *af, ef,*

of, suf, souf, le *f* qui suit l'*a* , l'*e* , l'*o* , l'*u*, l'*ou*, se redouble.

AF : *Affaiblir, affaire*, etc. Excepté : *Afin, afourme* ou *afoume* (lin d'Egypte), *afistoler* (orner), vieux mot, *afourrager, afourragement* (ces deux derniers peuvent aussi s'écrire avec deux *f*), *Afrique* , *africain*.

EF : *Effort, effroi*, etc.

Dans *éfaufiler, éfourceau* (sorte de voiture), l'*e* initial étant surmonté d'un accent aigu n'est suivi que d'un *f*.

OF : *Offense, offrir*, etc.

SUF : *Suffire, suffrage*, etc.

SOUF : *Souffle, souffrir*, etc. Excepté : *Soufre, soufrer*.

297. Dans les mots qui commencent par *dif*, la consonne *f* qui suit l'*i* se redouble toujours : au contraire, dans ceux qui commencent par *déf*, elle ne se redouble jamais : *Différent, difficile, difforme; défaire, défense, déformer.*

298. Dans les mots qui commencent par *hip*, le *p* qui suit l'*i* se double toujours : *Hippolyte, hippodrome.* Dans ceux qui commencent par *hyp*, le *p* qui suit l'*y* ne se redouble jamais : *Hypothèse , hypocrite.*

DES LETTRES MAJUSCULES OU GRANDES LETTRES.

299. On met une grande lettre au commencement d'une phrase, d'un vers, d'un substantif propre, d'un substantif abstrait personnifié ; après deux points, au commencement d'un discours direct que l'on cite. Les noms des sciences, des arts , des métiers, pris dans un sens individuel, ceux des êtres auxquels on adresse la parole, doivent aussi commencer par une grande lettre.

DES ACCENTS.

300. Les accents (1) servent à marquer l'intensité plus ou moins grande, l'allongement ou la brièveté des sons que les voyelles représentent.

Ils aident encore à distinguer des mots dont l'orthographe est semblable et l'espèce différente. Ainsi l'on écrit

Avec *accent grave* :	Sans *accent grave* :
À, préposition ;	*A*, troisième personne du verbe *avoir* ;
Dès, préposition;	*Des*, mis pour *de les* ;
Là, adverbe;	*La*, prédéterminatif ou visubstantif ;
Où, adverbe ou visubstantif;	*Ou*, conjonction.

On écrit

Avec *accent circonflexe* :	Sans *accent circonflexe* :
Le nôtre, le vôtre, visubstantifs possessifs ;	*Notre*, *votre*, suivis d'un substantif et non précédés d'un prédéterminatif ;
Mûr, qualificatif;	*Mur*, substantif masculin ;
Sûr, qualificatif;	*Sur*, préposition.

301. On met l'*accent circonflexe* sur les voyelles longues, principalement lorsqu'une lettre a été supprimée après ces voyelles : l'*a* des mots *âge*, *bâiller* est long, parce qu'on doublait autrefois l'*a* dans ces mots ; l'*e* de *fête* et l'*i* de *gîte* sont longs, parce que ces voyelles étaient autrefois suivies d'un *s*.

302. Dans *baptême*, *blême*, *carême*, *saint-chrême*, *extrême*, *même*, *suprême*, l'avant-dernier *e* est surmonté d'un accent circonflexe ; dans les trois mots *lemme*, *dilemme*, *gemme*, le *m* est doublé. Dans tous les autres mots dont l'avant-dernier *e*, suivi de la finale *me*, forme une terminaison identique pour l'oreille avec celle des mots précédents, cet *e* doit être surmonté d'un *accent grave* : *Problème*, *système*,

(1) Voyez la définition des accents, p. 6, n. 32.

thème, etc. Cette règle ne s'applique pas aux substantifs propres.

L'Académie écrit *poëme* avec un tréma.

303 Il faut mettre un accent circonflexe sur l'*i* de *maître* (autrefois *maistre*) de *traître*, de *cloître*, de *goître*, et des dérivés de ces mots, et sur celui des verbes en *aître* et en *oître*, dans tous les temps où l'*i* est suivi d'un *t* : *Naître, il naît, il naîtra ; décroître, il décroît, il décroîtra.*

On ne met jamais de point sur l'*i* surmonté d'un accent circonflexe.

304. Devant deux consonnes identiques et devant la lettre *x* on ne met jamais d'accent : *Erreur, ennemi ; convexe, convexité.*

DE L'APOSTROPHE.

305. L'*apostrophe* (') marque le retranchement de l'une des trois voyelles *a*, *e* muet, *i*.

306. Ce retranchement a lieu dans onze monosyllabes, savoir : devant une voyelle ou un *h* muet, dans *le*, *la*, *je*, *me*, *te*, *se*, *ce* (visubstantif), *de*, *ne*, *que* ; et dans la conjonction *si* devant le visubstantif *il*, tant au singulier qu'au pluriel.

Exemples : *J*'aime *l*'enfant qui *s*'adonne à *l*'étude ; je *m*'y livre moi-même avec délices.

Il *n*'y a, je *t*'en assure, *qu*'un moyen *d*'être heureux, *c*'est *d*'être sage.

Je me dévouerai donc, *s*'il le faut.

307. L'*e* final de *jusque* s'élide devant *a*, *i*, *en* (préposition), *où* : *Jusqu*'à Rome, *jusqu*'ici, *jusqu*'en enfer, *jusqu*'où ?

308. L'*e* de *lorsque*, de *puisque* et de *quoique* s'élide seulement devant *il*, *ils*, *elle*, *elles*, *on*, *un*, *une*, et dans les façons de parler *puisqu*'ainsi est, *puisqu*'ainsi va.

309. L'*e* final de *presque* ne s'élide que dans *presqu*'île.

310. L'*e* muet de la préposition *entre* s'élide lorsqu'elle se joint à un autre mot commençant par une voyelle et qu'elle forme avec lui un mot composé : *Entr'acte, entr'ouvrir.*

311. L'*e* final de *quelque* s'élide devant *un, une : Quelqu'un, quelqu'une.*

312. *Grande* abandonne l'*e* muet dans *grand'mère, grand'tante,* et aussi, mais *moins généralement,* dans *grand'messe, grand'chambre, grand'chose, grand'salle, grand'peur, grand'chère, à grand'peine, grand'croix, grand'pitié, la grand'rue.*

DE LA CÉDILLE.

313. La *cédille* (ş) se place sous le *c* devant *a, o, u,* lorsqu'on veut adoucir la prononciation de cette consonne. Dans *glaçon, français,* le *c,* écrit avec la cédille, se prononce comme le *c* sans cédille des mots *glace, France.*

DU TRÉMA.

314. Le *tréma* (¨) se met sur l'une des trois voyelles *e, i, u,* pour indiquer qu'on doit la prononcer séparément de la voyelle précédente ou quelquefois de la suivante : *Noël, païen, Saül, ïambe.*

315. Dans le substantif *ciguë* et dans les qualificatifs féminins *aiguë, ambiguë, contiguë, exiguë,* le tréma, mis sur l'*e* muet, a pour objet de faire prononcer l'*u* et d'empêcher qu'on ne le confonde avec l'*u* des mots *intrigue, brigue* et *figue,* où il n'a d'autre effet que de conserver au *g* l'articulation dure.

DU TRAIT D'UNION.

316. Le *trait d'union* (-) se met :

1° Entre les mots qui concourent à former une seule expression : *C'est-à-dire, vis-à-vis, peut-être;*

2° Entre le personnatif et le mot *même : Moi-*

même, toi-même, lui-même, nous-mêmes. vous-mê-
mes, eux-mêmes.

3° Entre la première et les secondes personnes de
l'impératif et l'un des mots *moi, toi, nous, vous. le,
la, lui, les, leur, en, y,* lorsque ce mot est dans la
dépendance du verbe ; et l'on met deux traits d'union,
s'il y a de suite deux de ces mots dans la dépendance de l'impératif : *crois-moi, écoutez-le, trans-
portons-nous-y* (1).

317. On unit par un trait d'union l'adverbe *très*
et le qualificatif ou l'adverbe qu'il modifie : *très-
beau, très-bien.*

318. *Dix-sept, dix-huit, dix-neuf,* s'écrivent
avec un trait d'union. Après *vingt, trente, quarante,
cinquante, soixante,* nous mettons *et* avant *un,* de
préférence au trait d'union, et nous remplaçons *et*
par un trait d'union avant les adjectifs de nombre
suivants d'une collection de dixaines à l'autre. Nous
disons et nous écrivons : *vingt et un, vingt-deux,
vingt-trois,* etc. ; *trente et un, trente-deux, trente-
trois,* etc. Tous les mots qui entrent dans la compo-
sition des expressions numérales, à partir de *soixante-
dix* jusqu'à *quatre-vingt-dix-neuf* inclusivement,
s'unissent par des traits d'union.

L'Académie préfère *soixante et dix* à *soixante-
dix.* Pascal écrit : *soixante et onze.*

DE LA PARENTHÈSE.

319. La *parenthèse* ( ) enferme une interposition
qui coupe la phrase pour y répandre un plus grand
jour.

EXEMPLE :

Aux petits des oiseaux il (Dieu) *donne leur pâture.*

Vers déjà cité p. 22, n° 133.

---

(1) Voyez, pour les autres cas, p. 12, n° 60, et p. 50,
n° 203.

CHAPITRE XIII.

DE LA SYNTAXE.

320. Les rapports des mots entre eux, les inflexions qu'ils doivent recevoir, leur arrangement pour former des propositions et des phrases : tel est l'objet de la syntaxe.

De la Proposition.

321. Une proposition est un jugement exprimé. Or, de même qu'un jugement renferme deux termes et une idée de rapport, de même une proposition est composée de trois éléments dont l'un suppose les deux autres. On peut donc adopter ce moyen de reconnaître le nombre des propositions : *autant de verbes exprimés, ou sous-entendus, autant de propositions* (1).

> Quand je suis seul, je fais au plus brave un défi.
> La Fontaine, *la Laitière et le Pot au lait.*

Il y a dans ce vers deux propositions, attendu qu'il y a deux verbes : *suis* et *fais*.

322. Le sujet, ainsi que l'attribut, peut être exprimé en un ou en plusieurs mots.

323. Le sujet ou le mot principal du sujet est toujours un substantif, un visubstantif ou un verbe au temps simple de l'indéfini.

324. Le verbe est toujours *être*, distinct ou combiné avec un participe actif.

325. L'attribut ou le mot principal de l'attribut est généralement un qualificatif ou un participe, soit actif, soit passif, ou un substantif, ou un visubstantif.

---

(1) Voyez p. 3, n⁰ˢ 4, 10 et 11

Exemples relatifs aux trois numéros précédents :

Le travail est nécessaire.
Il produit (il est produisant) *la richesse.*
Le fainéant est méprisé.
Travailler est un plaisir.
C'est le mien.

Dans la première proposition, le sujet est un substantif, l'attribut un qualificatif.

Dans la seconde, le sujet est un visubstantif, l'attribut un participe actif.

Dans la troisième, le sujet est un substantif, l'attribut un participe passif.

Dans la quatrième, le sujet est un verbe au temps simple de l'indéfini, l'attribut un substantif.

Dans la cinquième, le sujet et l'attribut sont des visubstantifs.

326. Il y a trois espèces de propositions : la *principale*, l'*accessoire* et l'*incidente*.

327. La proposition *principale* se divise en principale *absolue* et en principale *relative*.

328. C'est à la proposition *principale absolue* que toutes les autres se rapportent.

Principal veut dire *premier ; absolu* veut dire *indépendant.*

329. La *principale relative* a un sens fini comme la principale absolue ; mais elle se rapporte à celle-ci par le sens.

330. La proposition *accessoire* est faite pour une autre, dont elle exprime une circonstance. Elle peut avoir deux places dans le discours : elle peut être tantôt avant, tantôt après celle dont elle dépend. Dans le premier cas, elle la fait attendre ; dans le second, elle la suppose.

331. La proposition *incidente* est faite pour un mot qu'elle modifie. Elle n'a jamais qu'une place : elle doit toujours être à la suite du mot dont

elle développe ou dont elle restreint le sens. Lorsqu'elle développe le sens d'un mot, on l'appelle *explicative;* lorsqu'elle en restreint le sens, on l'appelle *restrictive.*

Application des sept numéros précédents.

332. *Quand je serai grand, j'utiliserai les connaissances que j'acquiers maintenant. Je serai reconnaissant envers mes parents, à qui je devrai mon bonheur.*

J'utiliserai les connaissances est une proposition *principale absolue :* c'est à elle que toutes les autres se rapportent.

Quand je serai grand est une proposition *accessoire :* elle exprime une circonstance de la principale absolue, le temps où aura lieu l'action d'*utiliser les connaissances.*

Que j'acquiers maintenant est une proposition incidente *restrictive :* elle restreint, elle limite le sens du mot *connaissances.*

Je serai reconnaissant envers mes parents est une *principale relative.* Elle a un sens fini, mais relatif à la principale absolue : la raison de la *reconnaissance* est contenue dans la principale absolue.

A qui je devrai mon bonheur est une *incidente explicative :* elle fait considérer les parents comme des bienfaiteurs.

333. La proposition est *pleine* ou *elliptique* suivant que l'énonciation est complète ou laisse plus ou moins à suppléer.

Exemples :

Thrasybule est vainqueur.

Béranger, *le Voyage imaginaire.*

Cette proposition est pleine : le sujet (*Thrasybule*),

le verbe (*est*), et l'attribut (*vainqueur*), sont complè-
tement exprimés.

> *Quoi ! pour le sceptre une main défaillante !*
> *Pour la couronne un front chagrin !*
>
> Id., *Louis XI.*

Il y a dans ces deux vers trois propositions ellip-
tiques.

Quoi ! c'est-à-dire *quoi* (quelle chose) *est cela !*
Le sujet et le verbe étaient à suppléer.

Les deux autres propositions, rétablies dans leur
intégrité, sont :

Une main défaillante est destinée *pour le sceptre !*

Un front chagrin est destiné *pour la couronne !*

Le verbe et le mot principal de l'attribut étaient à
suppléer dans chacune de ces deux propositions.

334. Les interjections sont des propositions *im-
plicites*, c'est-à-dire qu'au moyen de propositions
pleines on peut exprimer les affections dont elles
sont les signes.

FONCTIONS DU SUBSTANTIF DANS LA PROPOSITION.

335. *La terre* est à peu près ronde.
Répondez, Cieux et Mers ; et vous, *Terre*, parlez !
Magellan et Drake ont fait le tour *de la terre.*
Le soleil éclaire *la terre.*
La lune sert de satellite *à la terre.*
Je vous ai tirés *de la terre* d'Egypte.

Dieu est notre père céleste.
O Dieu, qu'est-ce que nous ?
Tous les hommes sont enfants *de Dieu.*
J'aime *Dieu.*
Rendez *à Dieu* le culte souverain qui lui est dû.
L'homme a été formé *par Dieu.*

336. Le substantif remplit dans la proposition les
fonctions de *sujet*, de *compellatif*, de *déterminatif*,
de *régime direct* et de *régime indirect.*

337. Le déterminatif et les différents régimes peuvent être appelés d'une dénomination commune *compléments*.

338. Le *sujet* est le mot signe de l'être dont on prononce quelque chose. Le plus souvent il précède le verbe. On l'obtient en faisant l'une des questions : *Qu'est-ce qui...?* ou *qui est-ce qui...?*

EXEMPLES :

LA TERRE *est à peu près ronde.*

Terre est le mot signe de l'être qu'on dit *être rond. Terre* précède le verbe. Si l'on fait cette question : *Qu'est-ce qui est rond?* on obtient pour réponse : *La terre.* Donc *la terre* est le *sujet* de la proposition.

DIEU *est notre père céleste.*

Dieu est le mot signe de l'être auquel on attribue la qualification de *père céleste. Dieu* précède le verbe. Si l'on fait la question : *Qui est-ce qui est notre père céleste?* on obtient pour réponse : *Dieu.* Donc *Dieu* est le sujet de la proposition.

339. Le *compellatif* désigne l'être à qui l'on adresse la parole.

EXEMPLES :

Répondez, Cieux et Mers ; et vous, TERRE, *parlez !*

Terre exprime l'être à qui l'on parle : ce substantif remplit la fonction de *compellatif.*

O DIEU ! *qu'est-ce que nous ?*

Dieu remplit la fonction de *compellatif.*

340. Le *déterminatif* exprime l'être générateur, possesseur, déterminant. Entre le substantif déterminant et le substantif déterminé se trouve la préposition *de.*

EXEMPLES :

Magellan et Drake ont fait le tour DE LA TERRE.

Terre fait connaître *de quel tour* il est question : *terre* est le *déterminatif* de *tour*.

Tous les hommes sont enfants DE DIEU.

Dieu exprime l'être générateur : *Dieu* est le *déterminatif* d'*enfants*.

341. Le *régime direct* exprime l'objet immédiat d'une action, l'être qui reçoit directement l'action dont la racine d'un verbe est le signe. Quand le régime direct n'est pas après le verbe, on peut l'y placer sans intermédiaire. On obtient le régime direct en faisant l'une des questions : *Qu'est-ce que* ou *qui est-ce que ?*

EXEMPLES :

Le soleil éclaire LA TERRE.

La terre reçoit directement l'action exprimée par la racine *éclair*. Le substantif *terre* est placé immédiatement après le verbe *éclairer*. Si l'on fait cette question : *Qu'est-ce que le soleil éclaire ?* on obtient pour réponse : *La terre.* Donc *la terre* est le *régime direct* du verbe *éclairer*.

J'aime DIEU.

Dieu reçoit directement l'action exprimée par la racine *aim. Dieu* est placé immédiatement après le verbe *aimer.* Si l'on fait cette question : *Qu'est-ce que j'aime ?* on obtient pour réponse : *Dieu.* Donc *Dieu* est le régime direct d'*aimer.*

342. Le *régime indirect* marque un but, un point de départ. Il exprime l'être qui reçoit indirectement l'action dont la racine d'un verbe est le signe. Il est précédé d'une préposition. C'est le seul régime que puisse avoir un verbe intransitif. Un qualificatif peut aussi avoir un régime indirect. Il répond aux questions : *A quoi ? à qui ? pour quoi ? pour qui ? de quoi ? de qui ? par quoi ? par qui ?*

9

ou à toute interrogation de cette nature commençant par une préposition.

EXEMPLES :

La lune sert de satellite À LA TERRE.

La terre est le but d'utilité de la lune. *Servir* est un verbe intransitif, et *terre* n'en peut être que le *régime indirect*. *Terre* est précédé d'une préposition. Si l'on fait la question : *A quoi la lune sert-elle de satellite?* on obtient pour réponse : *A la terre.* Donc *terre* est le *régime indirect* de *servir*.

Rendez À DIEU *le culte souverain qui lui est dû.*

Dieu est le signe de l'être qui reçoit indirectement l'action exprimée par le verbe *rendre*. *Dieu* répond à la question : *A qui faut-il rendre un culte souverain?* Donc *Dieu* est un *régime indirect.*

Je vous ai tirés DE LA TERRE *d'Égypte.*

Terre marque le lieu d'extraction. *Terre* répond à la question : *D'où vous ai-je tirés?* Ce mot est un *régime indirect.*

L'homme a été formé par DIEU.

Dieu répond à la question : *Par qui l'homme a-t-il été formé?* *Dieu* est le *régime indirect* du verbe passif *être formé*.

343. Les personnatifs ont des formes relatives aux fonctions qu'ils remplissent dans la proposition : *je, tu, il, ils,* sont toujours *sujets; le, la, les, que,* sont toujours *régimes directs ; me, te, se,* sont tantôt *régimes directs,* tantôt *régimes indirects; leur* est toujours *régime indirect ; dont* est toujours *régime indirect* ou *complément déterminatif.*

344. Le substantif indéfini *on* est toujours *sujet.*

345. Tantôt les mots qui entrent dans les propositions se suivent dans cet ordre : *sujet, verbe, attribut, régime direct, régimes indirects;* tantôt le

besoin de s'exprimer d'une manière plus agréable ,
plus rapide ou plus énergique , force à intervertir cet
arrangement : la première *construction* s'appelle *directe ; la seconde, *indirecte* ou *inverse.*

CHAPITRE XIV.

Du Substantif.

DU DOUBLE GENRE DE QUELQUES SUBSTANTIFS.

346. Certains substantifs changent de genre en
changeant de nombre ou de signification.

347. *Délice* et *orgue*, masculins au singulier,
sont féminins au pluriel. Cependant , lorsque ces
substantifs se présentent aux deux nombres dans une
même phrase, on emploie le masculin tant au singulier qu'au pluriel.

348. *Aigle* (oiseau) est masculin ou féminin selon
le sexe ; *aigle* (étendard) est du féminin.

349. *Couple* (nombre deux) est du féminin ; *couple* (deux êtres unis par un même sentiment) est masculin.

350. *Foudre* (matière électrique qui s'échappe
de la nue) est féminin ; *foudre* (grand tonneau ; foudre de guerre, grand guerrier) est masculin.

351. *Hymne*, masculin, s'emploie ordinairement
au féminin , quand on parle des hymnes chantées à
l'église.

352. *Pendule* (balancier d'une horloge) est masculin ; *pendule* (sorte d'horloge) est féminin.

353. *Gent* (nation, race) est féminin. *Gens* (individus, hommes, personnes) veut au féminin les
modificatifs variables qui le précèdent et qui s'y rapportent et au masculin ceux qui le suivent : *Les*

VIEILLES GENS *sont* SOUPÇONNEUX. *Les* GENS HEUREUX *sont rares*. Le visubstantif se met également au masculin après *gens* :

> *Combien de* GENS *font-*ILS *des récits de bataille*
> *Dont* ILS *se sont tenus loin !*
>
> Molière, *Amphitryon*, acte I, scène I.

Cependant on emploie le masculin avant *gens*, 1° lorsque *tous* est le seul modificatif qui précède ce substantif, déterminé ou non par *les, ces, mes, tes, ses* : TOUS LES GENS *querelleurs... étaient de petits saints* (Lafontaine, *les Animaux malades de la peste*); 2° lorsque *gens* est immédiatement précédé d'un qualificatif des deux genres : TOUS LES HONNÊTES GENS *sont amis de l'ordre;* 3° lorsque *gens* est suivi d'un modificatif ou d'un complément déterminatif : LES VRAIS GENS DE LETTRES *n'écrivent que pour procurer à leurs lecteurs une instruction solide ou un délassement honnête.*

354. *Personne*, employé d'une manière déterminée, est du féminin et se met au pluriel :

> Quand sur *une personne* on prétend se régler,
> C'est par les beaux côtés qu'il lui faut ressembler.
>
> Molière, *les Femmes savantes*, acte Ier, scène Ire.

355. *Personne*, pris dans un sens vague et précédé ou suivi d'une négation, ou bien employé dans une phrase interrogative, est du masculin et reste toujours au singulier : *Personne n'est certain... Est-il personne qui soit certain d'être toujours heureux?*

356. Quoique le mot *chose* soit du féminin, cependant, dans certains cas, *quelque chose* et *autre chose* expriment une idée vague, indéterminée, et forment, pour ainsi dire, des touts, des expressions uniques, qu'on emploie au masculin. Entre ces mots ainsi employés et un qualificatif dont on les fait sui-

vre, on peut mettre la préposition *de* : *Quelque chose de nouveau, autre chose de curieux.*

356 bis. *On,* substantif indéfini, est généralement du masculin singulier. Cependant, quand *on* équivaut pour le sens à un substantif féminin ou à un substantif pluriel déterminé, le qualificatif ou le participe passif qui s'y rapporte se met au féminin ou au pluriel.

On (une femme) n'est pas toujours *belle, on (une femme)* peut être toujours *bonne.*

On est *égaux* quand on s'aime. (*Deux êtres* sont *égaux* quand ils s'aiment.)

356 ter. *L'on* s'emploie par euphonie au lieu de *on* après *et, si, ou,* excepté lorsque *on* se trouve devant *le, la, les.*

Si l'on se trouve bien *où l'on est,* il faut y rester.

On après *que* et suivi d'un *c* dur, doit encore être précédé de *l'*.

Ce que l'on conçoit bien s'énonce clairement.

Boileau, Art poétique, ch. 1er.

DES SUBSTANTIFS PROPRES EMPLOYÉS COMME SUBSTANTIFS COMMUNS.

357. Les substantifs propres ne peuvent prendre la marque du pluriel que lorsqu'ils sont employés comme substantifs communs.

EXEMPLES : *La branche des* BOURBONS , c'est-à-dire des rois auxquels la dénomination de *Bourbon* est commune, *commence à Henri IV.*

Les GUISES, c'est-à-dire les personnages illustres auxquels le nom de *Guise* était commun, *ont fait trembler les successeurs légitimes de la couronne.*

Les CICÉRONS, c'est-à-dire les grands orateurs tels que *Cicéron, sont clair-semés dans l'histoire.*

César et Napoléon ont été les ALEXANDRES *de leurs siècles* , c'est-à-dire de grands conquérants tels qu'*Alexandre.*

Dans ces quatre phrases, *Bourbon, Guise, Cicéron*

et *Alexandre* sont employés comme substantifs communs.

358. On écrit avec la marque du pluriel *des Raphaëls*, *des Poussins*, *des Callots*. pour *des tableaux de Raphaël*, *de Poussin*, *des gravures de Callot*.

359. Dans cette phrase : *Il est peu de magistrats aussi distingués que* LES NICOLAÏ *et* LES LAMOIGNON, supprimez le prédéterminatif *les*, et le sens reste le même : or, après cette suppression, on voit clairement que *Nicolaï* et *Lamoignon* ne sont point employés comme substantifs communs et que, par conséquent, ils ne peuvent prendre la marque du pluriel.

DES SUBSTANTIFS EMPRUNTÉS DES LANGUES MORTES OU DES LANGUES ÉTRANGÈRES.

360. Parmi les substantifs ou les mots employés substantivement que nous avons empruntés des langues mortes ou des langues étrangères, il n'y a que ceux qui ont passé dans la langue usuelle qui prennent la marque du pluriel : des *duos*, des *échos*, des *examens*, des *numéros*, des *opéras*, des *impromptus*, etc.

361. Les substantifs d'origine ancienne et ceux d'origine étrangère, formés de plusieurs mots réunis ou non par des traits d'union, s'écrivent au pluriel comme au singulier : un *post-scriptum*, des *post-scriptum* ; un *mezzo-termine*, des *mezzo-termine* ; un *Te Deum*, des *Te Deum*. Excepté *senatus-consulte*, qui prend un *s* au pluriel : *des sénatus-consultes*.

DES SUBSTANTIFS COMPOSÉS.

362. Dans les substantifs composés qui ne sont pas encore passés à l'état de mots, c'est-à-dire dont les parties sont distinctes ou réunies seulement par

des traits d'union, chacun des mots partiels s'écrit suivant l'espèce à laquelle il appartient et les idées accessoires qu'il exprime.

EXEMPLES : Un *coffre-fort*, des *coffres-forts*. ici *forts* se rapporte à *coffres* et doit en prendre le genre et le nombre.

Un *chef-lieu*, des *chefs-lieux*, c'est-à-dire des *lieux chefs*, *principaux*.

Un *Hôtel-Dieu*, des *Hôtels-Dieu*, c'est-à-dire des *Hôtels de Dieu*.

De l'*eau-de-vie*, des *eaux-de-vie*.

Un *tête-à-tête*, des *tête-à-tête*, c'est-à-dire des conversations, des entrevues où l'on est *seul à seul*.

Un *avant-coureur*, des *avant-coureurs*, des *coureurs* qui vont *avant, en avant*.

Une *perce-neige*, des *perce-neige*, des fleurs *qui percent la neige*.

En général, dans les substantifs composés où il entre un verbe, ce verbe est à la troisième personne du singulier du présent de l'affirmatif : à la troisième personne, comme les substantifs à la formation desquels il concourt ; au singulier, pour rendre le substantif composé d'un usage plus facile.

Un *porte-mouchettes*, c'est-à-dire un plateau *qui porte les mouchettes*, des *porte-mouchettes*.

Un *passe-partout*, des *passe-partout*, des clefs au moyen desquelles on passe partout.

CHAPITRE XV.

Du Qualificatif.

ACCORD DU QUALIFICATIF AVEC LE SUBSTANTIF.

363. *Règle générale.* Tout modificatif variable , soit qualificatif, soit prédéterminatif, soit participe, doit prendre le genre et le nombre du substantif ou du visubstantif auquel il se rapporte.

EXEMPLES DE L'ACCORD DU QUALIFICATIF AVEC SON SUBSTANTIF :

Un *bon père*, une *bonne mère*, des *fils laborieux*, des *filles laborieuses* et *modestes* forment un tableau ravissant.

Les *jeunes chats* sont *gais, vifs, jolis*, et seraient aussi très-*propres* à amuser les enfants, si les coups de patte n'étaient pas à craindre.

> Buffon, *Histoire naturelle du chat.*

364. Lorsque le qualificatif se rapporte à plusieurs substantifs singuliers, il se met au pluriel.

Le roi et le berger sont *égaux* après la mort (c'est-à-dire *des êtres égaux*).

La science et la sagesse sont plus *précieuses* que l'or (c'est-à-dire *des choses plus précieuses*).

365. Lorsque le qualificatif se rapporte à plusieurs substantifs de différents genres, il se met au masculin pluriel.

Un enfant est heureux lorsque *son père et sa mère* sont *contents* de lui.

J'ai *le cœur et l'imagination* tout *remplis* de vous.

> Lettre de Mme de Sévigné à sa fille.

366. Lorsque le qualificatif se rapporte à plusieurs substantifs, il s'accorde avec le dernier,

1° Quand les substantifs ont à peu près le même sens ;

2° Quand ils forment une gradation ;

3° Quand la qualité est attribuée à l'un ou à l'autre des substantifs.

EXEMPLE DU PREMIER CAS :

Ce n'est pas *un portrait, une image semblable.*

> Boileau, *Art poétique*, chant III.

EXEMPLE DU SECOND CAS :

... *le fer, le bandeau, la flamme* est *toute prête.*

> Racine, *Iphigénie*, acte III, scène V.

Exemple du troisième cas :

Nous avons à choisir *une récompense ou un châtiment certain*.

367. Dans les expressions *nu-tête, nu-cou, nu-bras, nu-jambes, nu-pieds*, le qualificatif **nu** ne varie pas, et il s'unit au substantif par un trait d'union. Hors de là, il suit la règle générale.

Exemples : Si nul d'eux (des Genevois) n'avait su marcher *nu-pieds*, qui sait si Genève n'eût point été prise ?

J.-J. Rousseau, *Émile*, livre II.

Les anciens Égyptiens avaient toujours *la tête nue*.

Idem, ibidem.

368. *Demi* devant son substantif ne varie pas, et il s'unit à lui par un trait d'union. Quand ce qualificatif se rapporte à un substantif singulier sous-entendu, il en prend le genre.

Exemple : Le stère est à peu près *la demi-voie* ancienne ; ainsi cinq stères valent *deux voies et demie* environ.

Deux voies et demie, c'est-à-dire *deux voies et une voie demie*.

369. *Demie*, féminin de *demi*, s'emploie comme substantif, et est par conséquent susceptible de prendre la marque du pluriel.

L'horloge de la paroisse sonne les heures et les *demies*.

370. *Feu* (défunt) est invariable quand le pré-déterminatif simple ou l'adjectif possessif le sépare de son substantif : *feu la reine, feu ma nièce* ; il est variable quand il précède immédiatement le substantif : *la feue reine, ma feue nièce*.

371. *Même*, qualificatif de tout genre, signifie *qui n'est pas autre, qui n'est point différent*, ou bien *qui est semblable, pareil*, et alors il précède un substantif exprimé ou sous-entendu avec lequel il s'accorde en nombre :

Les élèves inattentifs font toujours *les mêmes fautes*.

372. *Même* se place encore après un personnatif ou un substantif, et il sert à en renforcer la signification :

On dit que les sauvages du Canada se servent de chiens à *eux-mêmes*.

J.-J. Rousseau, Émile, livre II.

Les sauvages *mêmes* reconnaissent un Dieu.

373. *Même* s'emploie adverbialement : alors il se place généralement près d'un verbe, ou après plusieurs substantifs, et l'on peut le remplacer par *il y a plus, et même, aussi* :

Nous ne devons pas fréquenter les méchants ; nous devons *même* les éviter avec soin.

Les animaux, les plantes *même* étaient adorées en Égypte.

374. Les mots partiels qui entrent dans la formation des qualificatifs composés, s'écrivent comme l'indique le sens.

Il est *ivre-mort*, ils sont *ivres-morts*, c'est-à-dire *ivres* au point d'avoir perdu tout sentiment, d'être comme *morts.*

Un peuple *demi-barbare*, des peuples *demi-barbares*, c'est-à-dire *à demi, à moitié* barbares.

Un enfant *nouveau-né*, des enfants *nouveau-nés*, c'est-à-dire *nouvellement* nés.

Un dieu *chèvre-pieds*, des dieux *chèvre-pieds*, c'est-à-dire des dieux *qui ont des pieds de chèvre.*

375. Dans *frais-cueilli* et *tout-puissant*, *frais* et *tout* sont employés adverbialement, et cependant on dit par raison d'euphonie : une rose *fraîche-cueillie*, des roses *fraîches-cueillies ;* une reine *toute-puissante*, des reines *toutes-puissantes.* — Dans *mort-né*, l'Académie ne fait pas varier *mort* : deux enfants *mort-nés* , une brebis *mort-née.*

376. Lorsque, de deux qualificatifs qui se suivent, le premier est pris substantivement et que le second s'y rapporte, ni l'un ni l'autre ne doivent varier :

des cheveux *châtain clair* (*d'un châtain clair*), des étoffes *rose tendre* (*d'un rose tendre*).

377. Quand *avoir l'air* est suivi d'un qualificatif ou d'un participe passif qui se rattache à cette expression, ce qualificatif ou ce participe s'accorde avec le sujet du verbe ou avec le substantif *air*, selon qu'on veut ou qu'on peut le faire rapporter à l'un ou à l'autre.

Cette dame a l'*air bon* (a l'apparence extérieure de la bonté).

Cette *dame* a l'air *bonne* (paraît bonne, a l'air d'être bonne).

Cette *dame* a l'air bien *faite* (paraît bien faite, a l'air d'être bien faite).

Cette *viande* a l'air *cuite* (paraît cuite, a l'air d'être cuite).

Dans les deux derniers exemples, il serait impossible de faire rapporter le participe au mot *air*.

378. On trouve, dans les écrivains, des exemples de l'une et de l'autre de ces deux manières de s'exprimer : LES LANGUES GRECQUE ET LATINE — LA LANGUE GRECQUE ET LA LATINE—*sont étudiées dans les colléges.*

DE LA PLACE DES MODIFICATIFS VARIABLES AVANT OU APRÈS LES SUBSTANTIFS AUXQUELS ILS SONT AJOUTÉS.

379. Pour savoir si l'on doit placer les modificatifs variables avant ou après les substantifs auxquels on veut les ajouter, il faut, en général, consulter le sens, l'usage, le goût ou l'oreille.

380. Les qualificatifs qui expriment la forme, la couleur, une saveur particulière, la matière, le pays, se placent généralement après leurs substantifs : *table* CARRÉE, *habit* ROUGE, *fruit* AMER, *sel* MARIN, *soldat* FRANÇAIS.

381. Les qualificatifs d'une seule syllabe se pla-

cent communément avant leurs substantifs : *un* BON *ami*, *un* GRAND *effort*, *un* BEAU *spectacle*, etc.

382. Avant les substantifs monosyllabiques, les qualificatifs de plusieurs syllabes font rarement bien; il faut dire : *les airs champêtres*, *un bruit importun*, *les soins terrestres*, etc.

383. Certains qualificatifs ont tel ou tel sens selon qu'ils précèdent ou suivent leurs substantifs.

Un *brave homme* est un homme honnête, obligeant.	Un *homme brave* est un homme vaillant.
Un *honnête homme* est un homme probe, vertueux.	Un *homme honnête* est un homme civil, poli.
Un *grand homme* est un homme qui s'est élevé au dessus de ses semblables par ses qualités ou par ses talents.	Un *homme grand* est un homme d'une taille élevée. Cependant un *grand homme sec* signifie un homme d'une taille élevée et d'une grande maigreur.
Un *pauvre auteur* est un auteur sans mérite.	Un *auteur pauvre* est un auteur sans fortune.
Une *certaine nouvelle* est une nouvelle dont on ne parle que d'une manière vague.	Une *nouvelle certaine* est une nouvelle qu'on ne peut révoquer en doute.

384. Les participes passifs ajoutés aux substantifs, se placent toujours après eux.

> Eh ! que vois-je partout ! la terre n'est couverte
> Que de *palais détruits*, de *trônes renversés*,
> Que de *lauriers flétris*, que de *sceptres brisés*.
> L. Racine, la Religion, chant I.

DU RÉGIME OU COMPLÉMENT DES MODIFICATIFS.

385. Lorsque plusieurs qualificatifs ou participes se suivent, on ne peut leur donner un seul et même complément, si le régime de chacun d'eux doit être marqué par une préposition différente.

Le même régime convenant à *utile* et à *cher*, on

peut dire : *La mort inexorable enlève souvent des hommes* UTILES ET CHERS *à leurs familles*.

Si, au lieu de *cher*, on emploie *chéri*, il faut s'exprimer ainsi : *La mort inexorable enlève souvent des hommes qui étaient* UTILES *à leurs familles et* EN *étaient* CHÉRIS.

De même dans cette phrase, *Que d'hommes ne sont ni* DIGNES DES *places qu'ils postulent ni* PROPRES *à les remplir !* les régimes des qualificatifs *digne* et *propre* sont marqués : le premier, par la préposition *de* renfermée dans *des ;* le second, par la préposition *à*.

CHAPITRE XVI.

Des prédéterminatifs.

386. Les prédéterminatifs s'accordent toujours en genre et en nombre avec les substantifs qu'ils précèdent.

> A celle qui sauva *le* trône et *la* patrie,
> Et n'obtint qu'*un* tombeau pour prix de *ses* exploits.
>
> C. Delavigne, *Messéniennes, Mort de Jeanne d'Arc.*

387. Lorsqu'on emploie plusieurs substantifs communs consécutivement, on répète en général le prédéterminatif devant chacun d'eux.

La religion, *la* raison et *les* lois posent seules les bornes de la liberté.

388. Lorsque deux qualificatifs, unis par la conjonction *et*, modifient l'un un substantif exprimé, l'autre un substantif sous-entendu, on répète encore généralement le prédéterminatif devant chaque qualificatif.

Les vieux et les jeunes soldats ont également fait leur devoir.

389. La répétition du prédéterminatif n'a pas lieu quand les qualificatifs, unis par la conjonction *et*, modifient un seul et même substantif :

Nos vieux et braves soldats se sont fait admirer de toute l'Europe.

390. Lorsque des qualificatifs, modifiant un seul et même substantif, ne sont point unis par la conjonction *et*, on doit répéter le prédéterminatif devant chacun d'eux.

Nos vieux, nos braves soldats se sont fait admirer de toute l'Europe.

391. Il vaut mieux dire et écrire : *le premier, le second et le troisième étage, le cinquième, le sixième et le septième chapitre, le quinzième, le seizième et le dix-septième siècle*, en sous-entendant le substantif au singulier, après les premiers adjectifs ordinaux, que de dire et d'écrire : *les premier, second et troisième étages, les cinquième, sixième et septième chapitres, les quinzième, seizième et dix-septième siècles.*

392. *Le plus, le mieux, le moins,* placés devant des qualificatifs et servant à former des superlatifs relatifs, ne varient point lorsqu'ils signifient *au plus haut, au plus bas degré*; mais lorsqu'on peut rapporter le prédéterminatif à un substantif sous-entendu, on le fait accorder en genre et en nombre avec ce substantif : dans le premier cas, on veut seulement marquer une qualité portée au plus haut ou au plus bas degré ; dans le second, on compare plusieurs êtres en tant qu'ils sont revêtus de telle ou telle qualité.

C'est au moment où la fortune nous est *le plus favorable* (*favorable au plus haut degré*), que souvent elle s'apprête à nous devenir contraire.

Les arbres *les plus élevés* (*les arbres plus élevés que les autres*) sont aussi *les plus exposés* (*les arbres plus exposés que les autres*) aux coups de la foudre.

393. Lorsque *le plus, le mieux, le moins*, modifient des verbes ou des adverbes, ce sont toujours des locutions adverbiales qui doivent, comme telles, rester invariables.

Les auteurs qu'on estime *le moins* sont ceux qui sacrifient le fond à la forme.

394. Dans le sens partitif, on met *du, de la, des*, devant un substantif simple ou composé :

Donnez-moi DU VIN, DE LA BIÈRE, DES NOIX, DES BONS-CHRÉTIENS.

Mais si le substantif est précédé d'un qualificatif et qu'il ne soit suivi de rien qui en fixe d'une manière précise la signification, on fait simplement usage de la préposition *de* :

Donnez-moi DE BON VIN, DE BONNE BIÈRE, DE BELLES NOIX ; *donnez-moi* DU BON VIN QUE VOUS AVEZ TIRÉ.

395. Après les adverbes de quantité, auxquels il faut ajouter *pas* et *point*, et après les substantifs collectifs, on ne fait également usage que de la préposition *de*, toujours avec la même restriction, c'est-à-dire si le substantif, complément de la préposition *de*, n'est suivi de rien qui en fixe d'une manière précise la signification : *Il y en a* BEAUCOUP D'APPELÉS *mais* PEU D'ÉLUS. — *Sans attention*, POINT DE PROGRÈS. — COMBIEN DE CHUTES *pour une élévation!*

L'adverbe *bien* et le substantif collectif *la plupart* font seuls exception : BIEN DES HOMMES, LA PLUPART DES HOMMES *se font illusion sur leur mérite*,

396. Dans les énumérations, on supprime les prédéterminatifs pour rendre la phrase plus rapide :

Travail, repos, douleur, et quelquefois un rêve,
        Voilà le jour ; puis vient la nuit.
                Lamartine, *le Poëte mourant.*

397. Certaines expressions changent de sens, selon qu'on emploie ou non le prédéterminatif.

Un officier du génie est un officier du corps des ingénieurs.	*Un officier de génie* est celui qui, grâce à des dispositions naturelles, excelle dans l'art militaire.
Entendre la raillerie, c'est avoir l'art de railler.	*Entendre raillerie*, c'est bien prendre les railleries dont on est l'objet.

398. Lorsqu'on veut rappeler un substantif qui n'est le signe ni d'une personne ni d'un être personnifié, et qu'on veut en même temps exprimer une idée de possession, au lieu de *son, sa, ses, leur, leurs*, on se sert de *en*, signifiant *de cela, de lui, d'elle, d'eux, d'elles*, et de *le, la, les*, toutes les fois que le substantif qui désigne l'être possesseur et celui qui désigne la chose possédée, ne sont pas dans la même proposition : *Les étrangers viennent en foule à Paris ; ils* EN *admirent* LES *musées et* LES *monuments.*

399. *Vingt* et *cent* prennent un *s* lorsqu'il s'agit de plusieurs vingtaines, de plusieurs centaines, et qu'ils terminent le nombre.

La fondation des *Quinze-Vingts* est l'ouvrage de Saint-Louis.

Trois cents héros sont morts dans ce détroit fameux !
Trois cents ! quel souvenir !

> C. Delavigne, *Messéniennes, la Dévastation des musées et des monuments.*

400. *Vingt* et *cent* employés pour *vingtième* et *centième*, ne peuvent prendre la marque du pluriel.

Le combat des Thermopyles et la bataille de Salamine eurent lieu l'an quatre cent *quatre-vingt* avant J. C.

Charlemagne fut couronné empereur à Rome, le jour de Noël de l'an *huit cent.*

401. *Mille* (dix fois cent), adjectif de nombre cardinal, est invariable.

402. On supprime la dernière syllabe de *mille* , lorsque cet adjectif commence une date formée de plusieurs nombres.

En *mil quatre-vingt-quinze* eut lieu la première croisade sous le règne de Philippe Ier, roi de France.

403. *Mille*, substantif commun masculin (mesure itinéraire), prend un *s* au pluriel.

Six milles d'Angleterre font un peu plus d'un myriamètre,

404. *Chaque*, adjectif de nombre indéfini, doit toujours être suivi d'un substantif. On ne peut l'employer absolument au lieu de *chacun* : *Ces objets coûtent six francs* CHACUN ; — *chaque objet* coûte six francs.

405. *Quelque*, adjectif de nombre indéfini, s'accorde en nombre avec le substantif qu'il précède.

> *Quelques crimes* toujours précèdent les grands crimes.
> Racine, *Phèdre*, acte IV, scène 2.

Il en est de même, lorsque entre *quelque* et son substantif il y a un qualificatif.

> Bornez-vous à lire et à relire *quelques bons livres.*

> Mais *quelques vains lauriers* que promette la guerre,
> On peut être héros sans ravager la terre.
> Boileau, *Epître* I.

406. *Quelque*, modifiant un qualificatif, un participe passif ou un adverbe, devient adverbe et conséquemment reste invariable. Dans ce cas, on peut remplacer *quelque* par *si*, *à quelque degré*, *à quelque point*, et le qualificatif ou le participe est toujours séparé du substantif auquel il se rapporte.

> Justes, ne craignez point le vain pouvoir des hommes ;
> *Quelque élevés* qu'ils soient, ils sont ce que nous sommes.
> J.-B. Rousseau, *Ps.* 48.

Quelque corrompus que soient certains êtres dégradés, ils conservent toujours au fond du cœur un reste d'estime pour la vertu.

Quelque heureusement doués que soient certains enfants, ils feront peu de progrès s'ils ne travaillent pas.

407. *Quelque* devant un adjectif de nombre cardinal a le sens d'*environ* et est encore adverbe : comme tel, il reste invariable.

Quelque vingt ans encor je veux agir de même.
C. Delavigne, *Louis XI*, acte II, scène 7.

408. *Quel*, qualificatif, suivi de la conjonction *que*, se trouve toujours devant un verbe : il s'accorde en genre et en nombre avec le substantif ou le visubstantif auquel il se rapporte et qui est généralement le sujet du verbe.

Les Français sont égaux devant la loi, *quels que* soient d'ailleurs leurs titres et leurs rangs.
Art. 1er de la Charte constitutionnelle.

409. *Tout*, signifiant *chaque*, *un quelconque*, *tout entier*, est modificatif variable.

410. *Tout* devient adverbe :

1º Dans le sens de *entièrement*, *tout à fait*, devant un qualificatif ou un participe passif :

J'ai le cœur et l'imagination TOUT REMPLIS *de vous*, c'est-à-dire *entièrement remplis de vous*.

2º Dans l'expression *tout... que* équivalente à *quelque... que*, dans le cas où *quelque* ne peut varier :

La vertu, TOUT AUSTÈRE *qu'elle est*, *fait goûter de vrais plaisirs.* Dictionnaire de Laveaux.

La violette, TOUT HUMBLE *qu'elle est*, *se révèle par ses parfums.*

Ainsi employé, *tout* ne redevient variable que par euphonie devant un qualificatif ou un participe passif commençant par une consonne ou par un *h* aspiré et se rapportant à un substantif féminin :

J'ai l'imagination TOUTE REMPLIE *de vous. La vertu*, TOUTE SÉVÈRE *qu'elle est. La science*, TOUTE HÉRISSÉE *de difficultés qu'elle est*, *fait goûter de vrais plaisirs. Les vertus*, TOUTES SÉVÈRES *qu'elles sont*, *font goûter de vrais plaisirs.*

3° *Tout* devient adverbe dans quelques autres cas qui n'offrent aucune difficulté.

CHAPITRE XVII.

Du Personnatif.

411. Le personnatif remplissant la fonction de sujet, se place ordinairement avant le verbe, excepté :

1° Dans une interrogation (1) ou une exclamation : *Qui suis*-JE? *Sommes*-NOUS *déraisonnables !*

2° Quand on rapporte un discours ou seulement quelques paroles :

> Les gens de naturel peureux
> Sont, disait-*il*, bien malheureux.
>
> La Fontaine, *le Lièvre et les Grenouilles.*

3° Quand on veut exprimer un souhait ou une supposition : *Puissé*-JE *réussir! Dussé*-JE *en souffrir, je remplirai mon devoir !*

4° Quand le verbe est précédé de *aussi, encore , peut-être, à peine,* ou d'autres expressions semblables : *Peut-être me trompé*-JE. *A peine ai*-JE *le temps de respirer.* Dans ce dernier cas, l'inversion n'est pas de rigueur.

412. Lorsque le sujet d'une phrase interrogative ou exclamative est un substantif et que ce substantif précède le verbe, on fait encore suivre le verbe du personnatif de troisième personne : LES HOMMES *sont*-ILS *déraisonnables!*

413. *Me, te,* toujours régimes du verbe (2), doivent le précéder : *Qui* M'*aime* ME *suive.*

Ces personnatifs se mettent après le verbe dans le

---

(1) Voyez pages 50 et 51.
(2) Voyez page 98, n° 343.

seul cas où ils sont suivis de *en* et où le verbe est à l'impératif sans négation : *Parlez*-m'en, *donnez*-m'en, *occupe*-t'en. On dirait avec une négation : *Ne* m'en *parlez pas, ne* m'en *donnez pas, ne* t'en *occupe pas.*

414. *Moi, toi,* faisant fonction de régimes, doivent suivre le verbe à l'impératif sans négation : *Repose-toi, parle-moi.*

415. Lorsqu'un verbe à l'impératif a deux personnatifs pour régimes, l'un direct, l'autre indirect, et qu'il n'est point accompagné d'une négation, on emploie la construction directe :

Dis-le-moi, *donnez*-la-lui, *prétons*-les-leur.

416. Lorsque le verbe à l'impératif est accompagné d'une négation, les personnatifs doivent le précéder :

Ne me le *dis pas, ne* la lui *donnez pas, ne* les leur *prétons pas.*

DES PERSONNATIFS DE TROISIÈME PERSONNE OU VISUBSTANTIFS.

417. Règle générale. Les visubstantifs doivent toujours être du même genre et du même nombre que les substantifs qu'ils représentent. Ainsi, en parlant d'Élisabeth, reine d'Angleterre, dites : *elle* succéda à sa sœur Marie, en 1558 ; *elle,* parce que ce visubstantif représente *Élisabeth,* qui est du fémin. Et en parlant des barons anglais, dites : en 1215, *ils* forcèrent Jean-sans-Terre à signer la Grande Charte ; *ils,* parce que ce visubstantif représente *barons,* qui est du masculin et au pluriel.

DU VISUBSTANTIF SIMPLE.

418. *Soi,* visubstantif réfléchi, se dit des personnes, des animaux et des êtres inanimés. Il est de tout genre et de tout nombre. Quand on le dit des

personnes, on ne l'emploie ordinairement qu'avec des expressions indéfinies, telles que *on*, *quiconque*, *chacun*, *aucun*, *tel*, *personne* : ON *a souvent besoin d'un plus petit que* SOI ; ou avec un verbe à l'indéfini : *Il dépend toujours de* SOI *d'être* HONNÊTE.

419. Dans cette phrase de La Bruyère : GNATHON *ne vit que pour* SOI, l'auteur a dû préférer *soi* à *lui*, l'emploi du visubstantif réfléchi marquant mieux la concentration de l'égoïste en lui-même.

420. Dans cette autre phrase : *En cherchant à contenter son maître, un* ÉLÈVE *travaille pour* SOI, l'emploi de *lui* au lieu de *soi* aurait donné lieu à une équivoque.

421. Les visubstantifs *lui*, *eux*, *elle*, *elles*, précédés de *de* ou de *à*, et les visubstantifs *leur* et *lui*, lorsque celui-ci est mis pour *à lui*, *à elle*, ne se disent point en général des choses inanimées. On dira d'une maison : *j'*Y *ferai faire des réparations*. On dira d'un peintre : *que pense-t-on* DE LUI ou *qu'*EN *pense-t-on?* mais de ses tableaux on pourra dire seulement *qu'*EN *pense-t-on?*

422. Le visubstantif *le* reste au masculin singulier :

1° Lorsqu'il représente un être, un objet en général, modifié de telle ou telle manière.

Madame, êtes-vous *malade?* — Oui, je *le* suis, c'est-à-dire, je suis *cela*, l'être *malade* que vous supposez que je puis être.

Êtes-vous *reine?* — Je ne *le* suis pas, c'est-à-dire, je ne suis pas *cela*, l'*être* qualifié *reine* que vous supposez que je puis être.

Êtes-vous *ministres?* — Oui, nous *le* sommes, c'est-à-dire, nous sommes ce que vous venez de dire.

2° Lorsqu'il tient la place d'une proposition.

Si *je sais quelque chose*, je *le* dois à mes parents et à mes maîtres : je *le* dois, c'est-à-dire, je dois *cela*, *de savoir quelque chose*.

3° Lorsqu'il tient la place d'un verbe à l'indéfini.

On doit, autant qu'on *le* peut, *s'accommoder à l'huméur
des autres* : autant qu'on *le* peut, c'est-à-dire autant qu'on
peut *ceci, s'accommoder à l'humeur des autres.*

423. Le visubstantif *le* est variable lorsqu'il rappelle un substantif ou un qualificatif pris substantivement ; il en prend le genre et le nombre.

Êtes-vous *la malade* pour laquelle on m'a appelé ? — Je
la suis, c'est-à-dire, je suis *la* malade pour laquelle on vous
a appelé, je suis *elle.*

Êtes-vous *la Reine ?* Non, je ne *la* suis pas, c'est-à-dire,
je ne suis pas *la* Reine, je ne suis pas *elle.*

Êtes-vous les ministres du Roi ? — Oui, nous *les* sommes,
c'est-à-dire, nous sommes *les* ministres du Roi, nous sommes *eux.*

424. A ces demandes, dans lesquelles il s'agit de
personnes, *Est*-ce *là le Roi? Est*-ce *là la Reine?
Sont*-ce *là les ministres?* on répondra : C'*est* lui,
c'*est* elle, ce *sont* eux.

A celles-ci, dans lesquelles il est question d'animaux ou d'êtres inanimés, *Est*-ce *là votre canne?
Sont*-ce *là vos gants? Sont*-ce *là vos chevaux?* on
répondra : Ce *ne* l'*est pas*, ce les *sont.*

DU VISUBSTANTIF DÉMONSTRATIF.

425. Lorsqu'à *celui-ci, celle-ci, ceci,* on oppose
celui-là, celle-là, cela, les premières expressions
servent à montrer les objets les plus proches ou ceux
dont on a parlé en dernier lieu ; les secondes servent à indiquer les objets les plus éloignés ou ceux
dont on a parlé en premier lieu.

Prenez *ceci* (ce qui est près de vous) ; laissez *cela* (ce qui
est plus loin).

Le tigre est plus à craindre que *le lion : celui-ci* ne chasse
que quand la faim le presse ; *celui-là* semble toujours être
altéré de sang.

426. *Celui-ci, celle-ci, ceci,* servent encore à indiquer ce qui va suivre ; *celui-là, celle-là, cela,* ce qui a précédé : *écoutez* CECI (ce que je vais dire) ; *retenez bien* CELA (ce que je viens de dire).

DU VISUBSTANTIF CONJONCTIF.

427. Le visubstantif conjonctif est toujours du même genre, du même nombre et de la même personne que son antécédent : *C'est* MOI QUI *le* SUIS, *c'est* TOI QUI *l'*ES, *c'est* ELLE QUI *l'*EST ; *c'est* NOUS QUI SOMMES ARRIVÉS LES PREMIERS, *c'est* VOUS QUI ÉTES ARRIVÉS LES PREMIERS, *ce sont* ELLES QUI SONT ARRIVÉES LES PREMIÈRES.

428. Le visubstantif conjonctif ne peut être séparé de son antécédent qu'autant que la clarté n'en souffre pas, comme dans ces deux exemples :

> *Un loup* survient à jeun, *qui* cherchait aventure,
> Et *que* la faim en ces lieux attirait.
>
> La Fontaine, le Loup et l'Agneau.

Celui-là est riche, *qui* sait se contenter de peu.

429. L'antécédent est quelquefois sous-entendu, comme dans cette phrase de Condillac : QUI *n'observe* rien *n'apprend rien.*

430. *Qui* précédé d'une préposition ne se dit en général que des personnes et des êtres personnifiés : *lequel, laquelle, lesquels, lesquelles,* précédés ou non d'une préposition, peuvent avoir pour antécédents des substantifs signes de personnes, d'animaux ou de choses.

Une mère se sacrifie pour *l'enfant à qui* elle a donné le jour.

> Or, c'était un *soliveau,*
> *De qui* la gravité fit peur à la première
> Qui, de le voir s'aventurant,
> Osa bien quitter sa tanière.
>
> La Fontaine, les Grenouilles qui
demandent un roi.

L'état auquel **J.-J.** Rousseau donnait la préférence, est celui de menuisier.

431. On emploie *lequel, duquel*, au lieu de **qui, que, dont**, pour éviter une équivoque.

La bonté de Henri IV, *laquelle* a brillé principalement pendant le siége qu'il fit de sa capitale, ne s'est jamais démentie.

432. Entre autres usages, *dont* exprime une idée d'*origine*, de *descendance*, de *race; d'où* marque *séparation, extraction, sortie.*

L'esprit retourne au ciel *dont* il est descendu.
Racine, *la Religion*, ch. II.

Moka est le lieu *d'où* l'on exporte le meilleur café.

RÈGLES COMMUNES A TOUS LES VISUBSTANTIFS ET AU SUBSTANTIF INDÉFINI ON.

433. Un visubstantif ne doit jamais rappeler un substantif employé dans un sens vague et faisant partie d'une expression composée.

Un souverain ne doit accorder *une grâce* à un coupable que lorsqu'*elle* n'est point préjudiciable à la société.

Un souverain ne doit *faire grâce* à un coupable que lorsque *cette faveur* n'est point préjudiciable à la société.

Dans la seconde phrase, il serait incorrect de rappeler le substantif *grâce* au moyen de *elle, faire grâce* formant, pour ainsi dire, une seule expression dont le substantif *grâce*, employé dans un sens vague, n'est qu'une partie.

434. Le visubstantif doit rappeler clairement le substantif qu'il représente.

Molière a imité Plaute dans ce que *celui-ci* a fait de mieux.

Si à la place de *celui-ci* on mettait *il*, le lecteur ne saurait lequel des deux, *Molière* ou *Plaute*, serait le substantif représenté.

435. Le substantif indéfini *on*, employé plusieurs

fois dans la même phrase, ne doit point exprimer des êtres différents. Il en est de même du visubstantif *il, elle*.

> Quand *on* est occupé de sujets importants,
> *On* ne s'aperçoit pas de la fuite du temps.
> Andrieux, *Une promenade de Fénelon*.

Dans ces vers, *on* exprime deux fois l'idée des mêmes êtres.

436. Ce serait en général pécher contre la clarté et le goût, que d'employer plus de deux fois dans la même phrase le visubstantif conjonctif avec des antécédents différents.

> Je me livre à l'étude de l'histoire naturelle, *qui* a pour objet des choses *qui* me plaisent.

CHAPITRE XVIII.

Du Verbe.

ACCORD DU VERBE AVEC SON SUJET.

437. RÈGLE GÉNÉRALE. Tout verbe à un mode personnel s'accorde avec son sujet en nombre et en personne.

> *Je crains* Dieu, cher Abner, et n'*ai* point d'autre crainte.
> Racine, *Athalie*, acte 1er, sc. 1re.

> *Dis*-moi qui *tu hantes*, et *je te dirai* qui *tu es*.

> *Nos désirs sont* étendus, *notre force est* presque nulle.
> J.-J. Rousseau, *Émile*.

> Combien *sont* à plaindre *les enfants* paresseux !

438. Lorsque *nous* est employé pour *je, me, moi*, et *vous* pour *tu, te, toi*, les qualificatifs ou les participes passifs qui s'y rapportent restent au singulier ; mais *nous* et *vous* veulent toujours le verbe au pluriel.

Entre le pauvre et *vous vous prendrez* Dieu pour juge ,
Vous souvenant , *mon fils* , que, *caché* sous ce lin,
Comme eux *vous fûtes pauvre*, et comme eux *orphelin*.
Racine, *Athalie*, acte IV, sc. III.

439. Lorsque le verbe se rapporte à plusieurs sujets, substantifs ou visubstantifs, il se met généralement au pluriel ; et si les sujets sont de différentes personnes, le verbe s'accorde avec la personne qui a la priorité. La première personne a la priorité sur la seconde, et la seconde personne sur la troisième.

La peine et le plaisir passent comme une ombre.
J.-J. Rousseau.

Le lion, le tigre, dont la force est si grande qu'ils sont sûrs de vaincre, *chassent* seuls et sans art.
Buffon, *le Chien*.

Mon ami et moi nous ne *faisons* qu'un. (La politesse ne permet pas que celui qui parle se nomme le premier.)

Toi et lui vous ne *faites* qu'un.

440. *La patience, la persévérance* avec laquelle Newton a recherché la vérité, *est* admirable.

Patience et *persévérance* signifiant à peu près la même chose, le verbe *être* s'accorde seulement avec le dernier des deux substantifs, qui n'est, à peu de chose près, que la reproduction de la même idée exprimée par le premier. Il en est de même dans tous les cas semblables.

441. Selon que l'un *ou* l'autre (la chair *ou* l'esprit) *prévaut*, la vérité *ou* l'erreur, la vertu *ou* le crime, *domine* dans la société et dans l'individu.
F. de Lamennais, *Essai sur l'Indifférence*, introduction, p. 3.

La conjonction *ou* exprimant une idée d'alternative, qui exclut tour à tour l'un des deux sujets, le verbe, dans **cette** phrase et dans les phrases analogues, s'accorde avec le dernier sujet et se sous-entend après le premier.

442. *Le temps ou la mort sont* nos remèdes.
J.-J. Rousseau, *Émile*, liv. II.

J.-J. Rousseau a voulu sans doute exprimer dans cette phrase une idée d'union et une idée de disjonction : une idée d'union et de pluralité, puisqu'il a mis le verbe au pluriel ; une idée de disjonction, puisqu'il a employé *ou* et non pas *et*. *Nos maux physiques se détruisent*, et alors c'est le temps qui est notre remède ; *ou* bien nos maux *nous détruisent*, et alors c'est la mort qui nous guérit.

L'expérience ou l'impuissance doivent seules lui (à l'enfant) tenir lieu de loi.   Id. *ibidem.*

Même explication. *Deux choses*, *tantôt* l'expérience, *tantôt* l'impuissance, *doivent* seules lui tenir lieu de loi.

La peur ou le besoin font tous ses mouvements.
Buffon, *la Souris.*

Buffon a sans doute aussi voulu exprimer une idée de pluralité et une idée d'alternative. *Deux causes* font *tour à tour* tous les mouvements de la souris : *Familière par nécessité, elle ne sort de son trou que pour chercher à vivre ; timide par nature, elle y rentre à la première alerte.*

443. Si les sujets unis par la conjonction *ou* sont de différentes personnes, le verbe se met au pluriel et s'accorde avec la personne qui a la priorité.

. . . . Avant l'affaire,
Le roi, l'âne ou moi nous *mourrons.*
La Fontaine, *le Charlatan.*

Quand *nous* ne serait point exprimé, le verbe se mettrait toujours à la première personne du pluriel.

444. Quand les sujets forment une gradation, le verbe s'accorde seulement avec le dernier et se sous-entend après les autres.

Voilà nos monuments :...
Le fer, le feu, *le temps*, plus puissant que les rois,
Ne *peut* rien contre leur mémoire.
C. Delavigne, *Messéniennes, la Dévastation des musées et des monuments.*

445. Lorsque plusieurs sujets sont résumés en un seul, l'accord a lieu avec ce dernier seulement. Si la conjonction *mais* est placée avant le dernier sujet, c'est encore avec celui-ci que l'accord doit seulement avoir lieu.

La masse de son corps, la lenteur de ses mouvements, le peu de hauteur de ses jambes, *tout*, jusqu'à sa tranquillité et sa patience dans le travail, *semble* concourir à le rendre propre à la culture des champs.

Buffon, le Bœuf.

Non-seulement nos biens et nos talents, mais *notre vie* même *appartient* à la patrie.

446. Dans les phrases où deux sujets sont liés par la conjonction *comme* ou par une des locutions conjonctives *de même que, aussi bien que, plutôt que, ainsi que*, c'est avec le premier sujet que l'accord a lieu.

Racine, aussi bien que Corneille, *a* des titres à l'immortalité.

447. Si un verbe a *l'un et l'autre* pour sujet, on met ce verbe au pluriel lorsqu'on veut exprimer simplement l'union de *l'un* et de *l'autre,* et l'on met le verbe au singulier lorsqu'on veut faire prédominer l'idée de séparation sur celle d'union.

L'un et l'autre (Auguste et Louis XIV) *avaient* su vaincre et pardonner.

Le président Hénault.

L'un et l'autre, c'est-à-dire *tous deux*.

L'un et l'autre approcha.

La Fontaine, livre VII, fable XVI.

L'un et l'autre, c'est-à-dire *chacun de son côté*.

448. *Ni l'un ni l'autre* ou deux sujets quelconques unis par la conjonction *ni,* veulent également le verbe au pluriel ou au singulier, selon qu'on nie quelque chose des deux sujets ou de l'un et de l'autre séparément.

Ni l'or ni la grandeur ne nous *rendent* heureux.
La Fontaine, *Philémon et Baucis*.

Ni la richesse, ni le savoir ne *s'acquiert* sans travailler.

Ni l'un ni l'autre des prétendants n'*est monté* sur le trône.

Dans cette dernière phrase surtout, le sens repoussait absolument le pluriel : *l'un ou l'autre* des prétendants, *un seul prince* pouvait monter sur le trône.

449. Il en est des sujets unis par la conjonction *ni* comme de ceux qu'unit la conjontion *ou* : s'ils sont de différentes personnes, le verbe se met au pluriel et s'accorde avec la personne qui a la priorité.

Ni vous ni moi ne *sommes* dupes des apparences.

450. Lorsqu'un verbe a pour sujet un substantif collectif (1) suivi d'un complément déterminatif, on fait accorder le verbe avec le collectif ou avec le déterminatif, selon que l'un ou l'autre est le mot dominant. La TOTALITÉ *des hommes* EST ATTACHÉE *à la vie* : dans cette phrase, *totalité* exprime l'idée principale, c'est le mot dominant ; il n'y a pas un homme qui ne soit attaché à la vie. *Une foule d'ouvrages* MEURENT *aussitôt qu'ILS sont* NÉS : ici, c'est *ouvrages* qui est le mot dominant. *La multiplicité des chefs* EST NUISIBLE : il est évident que c'est la multiplicité qui est nuisible, et non pas les chefs. — C'est également le sens, ainsi qu'on le voit par les mêmes exemples, qui détermine l'accord en genre et en nombre du visubstantif, du qualificatif et du participe avec le collectif ou le déterminatif.

451. Les adverbes de quantité *beaucoup*, *combien*, *peu*, *tant*, etc., certains substantifs employés sans prédéterminatifs, *force*, *nombre*, *quantité*, et *la plupart* veulent toujours le verbe au pluriel, s'ils sont

______

(1) Voyez la définition des substantifs collectifs, page 12, n° 59.

suivis d'un déterminatif pluriel ; au singulier, s'ils sont suivis d'un déterminatif singulier. L'accord a lieu selon la même distinction quand le déterminatif est sous-entendu. — Mêmes règles pour l'accord en nombre du qualificatif et du participe.

Combien d'hommes regrettent d'avoir mal employé leur enfance !

En toutes choses, *beaucoup sont appelés, peu sont élus.*

> *La plupart, emportés* d'une fougue insensée,
> Toujours loin du droit sens *vont* chercher leur pensée.
> Boileau, *Art poétique*, ch. 1ᵉʳ.

Tant de fiel entre-t-il dans l'âme des dévots ?
> Boileau, *le Lutrin*, ch. 1ᵉʳ.

452. Tout verbe qui a pour sujet le visubstantif conjonctif *qui* ou *lequel,* se met au même nombre et à la même personne que s'il se rapportait immédiatement à l'antécédent ou aux antécédents du visubstantif.

O Déesse, c'est donc *vous-même qui avez* daigné conduire le fils d'Ulysse pour l'amour de son père !
> Fénelon, *Télémaque*, liv. XXIV.

C'est *toi ou ton frère qui avez* fait cela.

RÉGIMES DES VERBES.

453. Un verbe ne peut avoir deux régimes directs ; mais il peut prendre à la fois un régime direct et un ou plusieurs régimes indirects, pourvu que ceux-ci soient marqués par des prépositions exprimant des rapports différents.

Condillac a dit, dans une note de son *Traité des Systèmes,* vers la fin du chapitre v : *Cette cause est surnaturelle, et c'est* AUX THÉOLOGIENS A QUI *il appartient plus particulièrement de la développer. Aux théologiens à qui* forment une répétition vicieuse : il n'y a qu'un seul rapport d'attribution , il ne doit y avoir qu'un seul régime indirect marqué par *à.*

On écrirait aujourd'hui : *C'est aux théologiens qu'il appartient de*, etc.

454. Lorsque plusieurs verbes se suivent, s'ils ne veulent pas tous le même régime, il faut donner à chacun d'eux le régime qui lui convient. Ainsi l'on dira bien : *Louis XIV assiégea et prit Namur*, parce que les deux verbes veulent le régime direct.

Mais si au lieu de *prendre* on emploie *s'emparer*, il faudra s'exprimer ainsi : *Louis XIV assiégea Namur et s'en empara*, attendu qu'on dit *prendre une ville* et *s'emparer d'une ville*. De même on dira : *Il vient continuellement à Paris et il part de cette capitale un nombre considérable d'étrangers*, en donnant à chacun des verbes *venir* et *partir* un régime marqué par une préposition différente.

455. Lorsqu'un verbe a deux régimes, l'un direct, l'autre indirect, si le régime indirect est le plus court, l'oreille exige qu'on le place le premier.

> Il remplit *le sommeil* de vagues épouvantes,
> Et laisse *à l'âme* un long ennui.
> *Le Cauchemar*, ode de V. Hugo.

456. On place encore le régime indirect avant le régime direct, pour éviter une équivoque.

> Il faut mettre *à ses désirs* un frein salutaire.

Dans cette phrase, on pourrait prendre le régime indirect pour le complément de *salutaire*, si ce régime était placé le dernier.

Emploi des temps de l'Affirmatif, du Conditionnel et de l'Impératif.

457. L'emploi le plus ordinaire du *présent de l'affirmatif* est indiqué par les expressions suivantes, ou d'autres de même signification, au moyen desquelles on peut le modifier : *maintenant , au*

jourd'hui, depuis telle époque, habituellement, en tout temps (1).

458. On emploie quelquefois le *présent de l'affirmatif* pour exprimer un futur prochain ; on dit : *Je suis à vous dans l'instant*, pour *je serai à vous dans l'instant ; je vous suis tout à l'heure*, pour *je je vous suivrai tout à l'heure*.

Précédé de la conjonction *si*, il exprime un futur indéterminé : *Si j'obtiens un premier prix, je serai au comble de la joie*.

459. Le *présent de l'affirmatif* s'emploie au lieu du *passé défini*, pour donner plus de vivacité, plus de rapidité à une narration.

Dans ce moment, le cheval *s'arrête*, le héros *tombe* entre les bras de ses gens ; il *ouvre* deux fois de grands yeux et la bouche, et *demeure* tranquille pour jamais.

Mort de Turenne, Mme de Sévigné.

Quand on a commencé d'employer le présent de l'affirmatif au lieu du passé défini, il faut continuer l'emploi de ce temps dans la même phrase et quelquefois dans les phrases suivantes.

460. Un verbe d'action à l'*imparfait*, exprime une action passée habituelle ou ayant eu lieu en même temps qu'une autre action également passée. On emploie encore l'imparfait après la conjonction *si*.

César dictait à plusieurs secrétaires à la fois.

Archimède cherchait la solution d'un problème, lorsque Marcellus prit Syracuse.

Si vous vouliez, vous pourriez.

461. L'usage du *passé défini* est indiqué par les expressions *hier, la semaine passée, le mois passé, l'année dernière*, qu'on peut y ajouter et qui toutes expriment des périodes complètes (2).

---

(1) Voyez les quatre conjugaisons.
(2) Voyez les quatre conjugaisons.

462. L'usage du *passé indéfini* est indiqué par les expressions *aujourd'hui, cette semaine-ci, ce mois-ci, cette année-ci*, qu'on peut y ajouter et qui toutes expriment des périodes de temps dans lesquelles on est encore au moment où l'on parle.

Cependant le *passé indéfini* peut aussi être modifié par les expressions qui indiquent l'usage du *passé défini* ; on peut dire également : HIER *et* AUJOURD'HUI, CETTE SEMAINE *et* LA SEMAINE PASSÉE, *j'ai fait telle ou telle chose.*

463. Le *passé antérieur* exprime un temps passé, antérieur au passé défini. L'usage qu'on en fait le plus généralement est indiqué par les conjonctions *quand, lorsque, après que, dès que*, dont on peut le faire précéder.

464. Le *passé antérieur surcomposé* exprime un temps passé, antérieur au passé indéfini. L'usage qu'on en fait le plus communément est indiqué par les mêmes conjonctions qui font connaître l'usage du passé antérieur.

465. Le *plus-que-passé* exprime un temps passé avant un autre également passé : *Quand on vint,* J'AVAIS FAIT *telle ou telle chose.*

466. La dénomination de *futur simple* indique suffisamment l'emploi de ce temps.

467. Le *futur composé* exprime un futur antérieur à un autre futur.

468. Les temps du *conditionnel* impliquent toujours une condition ou une supposition.

Outre le *temps simple* et le *temps composé du conditionnel*, il y a encore un temps surcomposé qui est : *J'aurais eu fait, tu aurais eu fait*, etc.

469. Après les deuxièmes personnes singulières de l'*impératif*, terminées par un *e* muet, et après *va*, seconde personne singulière de l'impératif du

verbe *aller,* on ajoute un *s* devant les visubstantifs *en* et *y*, lorsque ces visubstantifs sont dans la dépendance de l'impératif et non d'un verbe suivant : *Vas-y, saches-en la moitié ; va y donner ordre, sache en profiter.*

470. On emploie quelquefois cette *forme composée de l'impératif :* AIE FAIT, AYONS FAIT, AYEZ FAIT *telle chose à tel moment.*

DU SUBJONCTIF.

471. Le *subjonctif* ne constitue qu'une proposition accessoire ou incidente. Partout où l'on trouve ce mode, il y a un mot conjonctif exprimé ou sous-entendu qui l'attache à la proposition dont il dépend.

> Veuillent les Immortels, conducteurs de ma langue,
> Que je ne dise rien *qui* doive être repris.
>
> La Fontaine, *le Paysan du Danube.*

Veuillent les Immortels dépend de la proposition sous-entendue *je souhaite,* et *que* est la conjonction à suppléer pour unir les deux propositions : JE SOUHAITE QUE *les Immortels veuillent.*

472. En général, on emploie le subjonctif après une proposition qui exprime quelque chose de vague, d'incertain.

> Idoménée a fait de grandes fautes ; mais cherchez dans la Grèce et dans tous les autres pays les mieux policés, un roi qui n'en *ait* point fait d'inexcusables.
>
> Fénelon, *Télémaque.* livre XII.

473. On emploie particulièrement le subjonctif 1° après les verbes qui expriment la possibilité, la nécessité, le doute, le désir, la crainte ou la volonté :

Il se peut	
Il faut	
On doute	que telle ou telle chose *soit, ait* lieu.
On désire	
On ne craint pas	
On veut	

2° Après les verbes employés négativement ou interrogativement, lorsque la proposition qui en dépend est l'objet d'un doute réel.

On ne croit pas que que telle chose *s'accomplisse*. Pense-t-on que telle chose *se fasse ?*

3° Après *quelque.... que, si.... que, quel que, quoi que, soit que ; — pourvu que, à moins que, au cas que, en cas que, supposé que, pour peu que, si tant est que ; — bien que, encore que, quoique, loin que, non que, non pas que, sans que ; — avant que, jusqu'à ce que ; — pour que, afin que, de crainte que, de peur que.*

> *Quoi que vous écriviez*, évitez la bassesse.
> Boileau, Art poétique, ch. Ier.

> *Avant que la raison* s'expliquant par la voix,
> *Eût instruit* les humains, *eût enseigné* des lois,
> Tous les hommes suivaient la grossière nature.
> Idem, ibidem, ch. IV.

4° Après la conjonction *que*, employée pour éviter la répétition de la conjonction *si*.

Si les enfants étaient moins étourdis et *qu'ils écoutassent* les avis des personnes âgées, ils s'épargneraient bien des regrets.

EMPLOI DES TEMPS DU SUBJONCTIF.

474. Le *présent ou futur du subjonctif* se met après un verbe au présent ou au futur de l'affirmatif. Au présent ou futur du subjonctif, le sens permet, en changeant la forme de la phrase, de substituer le présent ou le futur de l'affirmatif.

Il faut que l'homme *travaille*. (L'homme *travaille*, il le faut.)

Je désire que les autres *soient* heureux. (Les autres *seront* heureux si mes désirs sont accomplis.)

Il faudra que *nous comparaissions* devant Dieu. (*Nous comparaîtrons* devant Dieu, il le faudra.)

475. Le *présent* ou *futur du subjonctif* peut encore être précédé du passé indéfini ou du futur composé.

Dieu a voulu que l'homme *soit* libre. (L'homme *est* libre, Dieu l'a voulu.)

Quand on aura ordonné que *je vienne*, je m'empresserai d'obéir. (*Je viendrai* avec empressement quand on l'aura ordonné.)

476. Après le présent et après le futur de l'affirmatif, on emploie l'*imparfait du subjonctif*, quand à ce mode se rattache une proposition accessoire dont le verbe est à l'imparfait de l'affirmatif ou au temps simple du conditionnel. (La proposition accessoire peut être sous-entendue.) Dans ce cas, l'imparfait du subjonctif correspond pour le sens à l'imparfait de l'affirmatif ou au temps simple du conditionnel.

Pensez-vous que *je fusse* votre ennemi, quand je vous exhortais à l'étude ? (*Étais-je* votre ennemi quand..... ?

Je ne crois pas que *vous fussiez* (que *vous seriez*) heureux, si vous ne travailliez pas.

477. L'*imparfait du subjonctif* peut encore être précédé de l'imparfait de l'affirmatif, du passé défini, du passé indéfini, du plus-que-passé de l'affirmatif, du temps simple et du temps composé du conditionnel. A l'imparfait du subjonctif, le sens permet, en changeant la forme de la phrase, de substituer l'imparfait de l'affirmatif, le passé défini ou le temps simple du conditionnel.

<table>
<tr><td>Il fallait
Il fallut
Il a fallu
Il avait fallu
Il faudrait
Il aurait fallu</td><td>} que vous étudiassiez.</td></tr>
</table>

(*Vous étudiiez*, il le fallait ; *vous étudiâtes*, il le fallut, il l'a fallu, il l'avait fallu ; *vous étudieriez*, il le faudrait ; *vous n'étudiiez pas* , il l'aurait fallu.)

478. Le *passé du subjonctif* peut être précédé d'un verbe au présent, au passé indéfini, au futur simple et au futur composé. Au passé du subjonctif correspond, pour le sens, le passé indéfini ou le futur composé de l'affirmatif.

On doute	
On a douté	que *j'aie travaillé* (si *j'ai tra-*
On doutera	*vaillé.*)
On aura douté	

Je n'entreprendrai rien que *je n'aie consulté* des personnes sages, c'est-à-dire, que lorsque *j'aurai consulté*.....

479. Le *plus-que-passé du subjonctif* se met après un verbe à l'imparfait, au passé défini, au passé indéfini, au plus-que-passé de l'affirmatif, au temps simple et au temps composé du conditionnel. Au plus-que-passé du subjonctif correspond, pour le sens, le plus-que-passé de l'affirmatif ou le temps composé du conditionnel.

On doutait	
On douta	
On a douté	que *j'eusse travaillé* (si *j'avais* ou
On avait douté	si *j'aurais travaillé*).
On douterait	
On aurait douté	

480. Après le présent et après le futur de l'affirmatif, on emploie le *plus-que-passé du subjonctif*, quand à ce mode se rattache une proposition accessoire dont le verbe soit à l'imparfait ou au temps simple du conditionnel. (La proposition accessoire peut être sous-entendue.) Dans ce cas, le plus-que-passé du subjonctif correspond, pour le sens, au temps composé du conditionnel.

Je ne crois pas que Socrate *eût été* désapprouvé, s'il s'était soustrait à une mort injuste. (Socrate n'*aurait* pas *été* désapprouvé,.....)

481. Après la conjonction *si*, on peut employer le *plus-que-passé* du subjonctif au lieu du plus-que-passé de l'affirmatif.

Socrate n'aurait pas été désapprouvé s'*il se fût* soustrait à une mort injuste.

Emploi du Mode indéfini.

482. Le *temps simple de l'indéfini* exprime un présent, un passé ou un futur.

J'entends les hommes *se plaindre*. (Les hommes *se plaignent* et je les entends.

J'ai entendu les hommes *se plaindre*. (Les hommes *se sont plaints* et je les ai entendus.)

J'entendrai les hommes *se plaindre*. (Les hommes *se plaindront* et je les entendrai.)

483. Le temps simple de l'indéfini, précédé des verbes *promettre, menacer, espérer, compter, s'attendre*, a toujours le sens du futur.

Nous devons nous attendre à *être* (que *nous serons*) récompensés ou punis dans l'autre monde, selon nos bonnes ou nos mauvaises œuvres dans celui-ci.

484. Le *temps composé de l'indéfini* exprime seulement un passé, relativement au temps du verbe qui le précède.

Je me souviens avec bonheur d'*avoir écouté* les leçons de feu Andrieux. (*J'ai écouté* les leçons de feu Andrieux, je m'en souviens.)

485. Le *temps simple* et le *temps composé de l'indéfini* s'emploient comme sujets ou comme compléments directs d'autres verbes ; ils forment encore des complémens indirects au moyen de prépositions dont on les fait précéder.

Mentir est un crime. — L'honnête homme ne sait pas

mentir. — Ne contractez pas l'habitude *de mentir.* — On est honteux *d'avoir menti.*

486. Le temps simple et le temps composé de l'indéfini, employés comme compléments indirects, doivent se rapporter clairement à un substantif ou à un visubstantif exprimé dans la phrase ou facile à suppléer.

L'homme est né pour *travailler.* — Dieu nous a créés pour *vivre* en société. — Je vous exhorte à *être sages.* — Combien regrettent d'*avoir perdu* leur temps !

Travailler se rapporte à *homme ; vivre,* à *nous ; être sages,* à *vous,* et *avoir perdu,* à un substantif pluriel sous-entendu, déterminatif de *combien.*

CHAPITRE XIX.

Du Participe.

Du Participe actif.

487. Le *participe actif,* toujours terminé en *dnt,* exprime une existence, un état, une action ou une possession accidentelle, passagère, et forme une proposition incidente ou une accessoire. Il peut se résoudre dans le visubstantif conjonctif *qui,* ou en une conjonction telle que *comme, quand, puisque, parce que,* et un temps d'un mode personnel. S'il tient d'un verbe transitif, comme celui-ci il peut avoir un régime direct. Il est invariable.

Combien de pères, *tremblant (qui tremblent)* de déplaire à leurs enfants, sont faibles et se croient tendres !
Domergue, *Grammaire élémentaire.*

Les courtisans, *préférant (qui préfèrent* ou *parce qu'ils préfèrent)* leur avantage particulier au bien général, ne donnent que des conseils intéressés.
Condillac, *Grammaire,* ch. XXI.

488. Il ne faut pas confondre avec le participe actif, l'*adjectif verbal* terminé en *ant*. L'adjectif verbal exprime une qualité inhérente à un être ou un état permanent. Il ne reçoit que le régime indirect. On peut, lorsqu'il n'est pas employé comme attribut, le faire précéder du visubstantif *qui* et d'un des temps du verbe *être*. Il prend le genre et le nombre du substantif auquel il se rapporte.

La lecture de Télémaque est *attachante*.

Il y a des plantes, des bêtes et des personnes *rampantes* (*qui sont rampantes*).

Lemare, Cours de langue française, tome II.

Les regards d'une mère glorieuse de ses enfants, sont *rayonnants* de joie.

489. Le participe actif précédé de la préposition *en*, forme seulement une proposition accessoire et jamais une proposition incidente.

C'est *en forgeant* qu'on devient forgeron.

En forgeant ne modifie aucun mot particulier : ce participe actif, précédé de *en*, exprime une *circonstance* de la proposition *on devient forgeron*, comment on devient forgeron.

DU PARTICIPE PASSIF.

490. Le *participe passif*, employé sans auxiliaire, s'accorde, comme le qualificatif, en genre et en nombre avec le substantif ou le visubstantif auquel il est joint ou auquel il se rapporte.

La neige, au loin *accumulée*,
A *torrents épaissis*, tombe du haut des airs ;
Et, sans relâche *amoncelée*,
Couvre du Saint-Bernard les vieux sommets déserts.
Chênedollé, *Études poétiques*.

La puissance, *l'amour* avec *l'intelligence*,
Unis et *divisés* composent son essence.
Voltaire, *Henriade*.

491. Construit avec *être*, le participe passif s'accorde en genre et en nombre avec le même mot auquel se rapporte le verbe *être*, ou, en d'autres termes, avec le sujet de ce verbe, soit que ce sujet précède le verbe, soit qu'il le suive.

Une bouteille qui a été fêlée quand elle était pleine d'eau des Barbades, *est jetée* dans un coin dès qu'*elle est cassée.*

Lettre de Voltaire à M. Thiriot.

Il y a des *gens qui* ne *savent être émus* que par des cris et des pleurs.

J.-J. Rousseau, *Émile*, liv. IV.

La vieillesse est venue frapper à ma porte.

Fénelon, *Aventures d'Aristonoüs.*

Considérez avec quel art *sont composées les quatre ailes* dont il vole (le papillon).

Bernardin de Saint-Pierre, *Harmonies de la Nature*, tome II.

Le bras et la main sont faits pour exécuter les ordres de la volonté.

Buffon, *Histoire naturelle.*

492. Lorsque le participe passif, construit avec *avoir*, exprime une possession ou une action subie par tel ou tel être déterminé, il s'accorde avec le mot, signe de cet être, si ce mot est avant le participe. Si le mot, signe de l'être passif, est après, on ne fait point varier le participe.

Lorsque le participe passif est construit avec *avoir*, il ne peut varier que pour s'accorder avec le régime direct du verbe, si ce régime précède le participe.

Les pèlerins tournent leurs yeux vers *la Mecque*, après l'avoir *quittée.*

Lettre de Voltaire au roi de Prusse, 1742.

Quittée, construit avec *avoir*, s'accorde avec le mot, signe de la chose quittée, *la* ou *la Mecque*, qui est avant le participe. Ou bien : *quittée*, construit avec *avoir*, varie pour s'accorder avec *la*, régime direct de *avoir quitté*, lequel régime précède le participe.

Après *avoir quitté la Mecque,* les pèlerins tournent leurs yeux vers cette ville.

Quitté, toujours construit avec *avoir,* ne varie pas parce que le mot, signe de la chose quittée, ou, en d'autres termes, parce que *la Mecque,* régime direct du verbe, est placé après le participe.

Non-seulement la nature a *réuni* sur le plumage du paon *toutes les couleurs* du ciel et de la terre pour en faire le chef-d'œuvre de sa magnificence, elle *les* a encore *mêlées, assorties, nuancées, fondues,* de son inimitable pinceau, et en a fait un tableau unique.

Buffon, le Paon.

Réuni, construit avec *avoir,* ne varie pas, attendu que le mot *couleurs,* signe de la chose réunie, ou que le régime direct *couleurs* suit le participe. *Mêlées, assorties, nuancées, fondues,* varient, attendu que les choses faites sont exprimées avant les participes, ou que le régime direct *les,* mis pour *couleurs,* précède ces mêmes participes.

Blaise Pascal fixa la langue *qu'*ont *parlée* Bossuet et Racine.

Châteaubriand, Génie du Christianisme, tome III.

Qu', pour *que,* pour *laquelle langue,* régime direct du verbe, précède le participe.

Quels honneurs a *reçus* Jules César ! *que de victoires* il a *remportées ! combien d'ennemis* il a *vaincus ! Autant d'obstacles* on lui a *opposés, autant* il *en* a *surmontés !*

Le régime mis devant le participe est ordinairement l'un des personnatifs *que, me, te, se, le, la, les, nous, vous,* ou, comme dans le dernier exemple, un substantif précédé de *quel, que de, combien de, autant de.*

493. Lorsque le participe passif, construit avec *avoir,* exprime purement et simplement une action accomplie, sans qu'aucun être puisse être ou soit passif de cette action, le participe reste invariable.	Si le verbe ne peut avoir ou n'a point de régime direct, le participe passif, construit avec *avoir,* ne varie pas.

Plusieurs femmes ont *brillé* dans la littérature.

Les Italiens n'ont *dégénéré*, après le Tasse et l'Arioste, que parce qu'ils ont voulu avoir trop d'esprit.
Lettre de Voltaire à Mlle ***.

Si nous avions *cherché*, nous aurions *trouvé*.

Nous devons compter non *les jours que* (*pendant lesquels*) nous avons *vécu*, mais les bonnes actions que nous avons faites ou les connaissances utiles que nous avons acquises.

Les sommes et les travaux que Versailles a *coûté*, sont immenses.

Les avantages pécuniaires et honorifiques que quelques ouvrages ont *valu* à leurs auteurs, sont un des caractères de notre époque.

Les participes *coûté* et *valu* ne doivent pas plus varier au figuré qu'au propre, le passage du propre au figuré ne pouvant changer la nature intransitive de ces verbes.

494. A l'égard des temps composés des verbes réfléchis dans lesquels le participe passif est toujours accompagné du verbe *être*, il faut raisonner comme si le participe était construit avec *avoir*.

Lucrèce *s'est crue* déshonorée, et elle s'est *donné la mort*, c'est-à-dire, Lucrèce *a cru soi* déshonorée, et elle *a donné la mort à soi*.

Dans le premier cas, *cru*, construit avec *être*, employé au lieu d'*avoir*, s'accorde avec *s'* mis pour *se*, complément direct du verbe *croire*, qui précède le participe; dans le second cas, *donné* ne varie pas, parce que *mort*, complément direct du verbe *donner*, est après le participe.

Un citoyen de Sybaris fut fatigué toute la nuit d'une feuille de rose qui s'était *repliée* dans son lit.
Montesquieu.

Qui s'était repliée, c'est-à-dire, *qui avait replié soi*, qui avait été repliée. *Repliée* s'accorde avec *s'* mis pour *se*, complément direct, qui précède.

César et Pompée *se* sont *battus* (*ont battu soi*, l'un a battu l'autre) dans les plaines voisines de Pharsale.

Accord de *battus* avec le complément direct *se*, qui précède.

Le jour et la nuit se sont toujours *succédé* (*ont succédé à soi*) avec un ordre admirable.

Cornélie s'est *plu* à bien élever ses enfants, c'est-à-dire, Cornélie *a plu à soi* en élevant bien ses enfants.

Point d'accord dans ces deux exemples, *se succéder* et *se plaire* étant des verbes réfléchis indirects.

Le participe passif des verbes *se plaire*, *se déplaire*, ne peut pas plus varier au figuré qu'au propre.

495. Dans les verbes réfléchis essentiels, le second personnatif est considéré comme régime direct, et, par conséquent, le participe passif s'accorde avec ce régime, dont il est toujours précédé.

Les Anglais ont gagné la bataille de Crécy en 1346, et ils *se* sont *emparés* de Calais en 1347.

496. *S'apercevoir*, *s'attaquer à*, *s'attendre à*, *s'échapper*, *s'en aller*, *se douter*, *s'expliquer avec*, *se louer de*, *se moquer de*, *se plaindre de*, *se servir de*, *se taire*, doivent être regardés comme des verbes réfléchis essentiels ; *apercevoir*, *attaquer*, etc., ne conservant pas le même sens dans *s'apercevoir*, *s'attaquer*, etc.

Les anciens *se* sont *doutés* de quelques vérités découvertes par les modernes.

497. Dans le seul verbe réfléchi essentiel *s'arroger*, le second personnatif est régime indirect.

Les anciens seigneurs s'étaient *arrogé* (*avaient arrogé*, *attribué à soi*) des droits auxquels ils ont été obligés de renoncer.

498. Le participe passif des verbes unipersonnels ou employés unipersonnellement, ne varie jamais.

Quel est celui auquel *il* n'*est* point *arrivé* de malheurs ?

Arrivé, construit avec *être,* s'accorde avec le sujet *il,* renfermant un sens vague, et reste au masculin singulier.

Il *s'est glissé* des erreurs dans les meilleurs ouvrages.

Glissé, construit avec *être* mis pour *avoir,* s'accorde avec *s'* représentant *il,* et doit rester au masculin singulier.

Les grandes pluies qu'il y a *eu* en 1846, ont fait déborder la Loire.

Les chaleurs qu'il a *fait* à Paris en 1793, ont été excessives.

Dans ces deux exemples, *avoir* et *faire*, ayant abandonné leur signification transitive, ne peuvent avoir de régime direct, et par conséquent les participes passifs *eu* et *fait* ne doivent pas varier.

APPLICATIONS PLUS DIFFICILES DES RÈGLES SUR LES PARTICIPES.

499. Les participes passifs *excepté, supposé, passé, non compris, y compris,* employés sans auxiliaires, s'accordent avec le mot *ceci* sous-entendu, lorsqu'ils précèdent les substantifs auxquels ils sont joints, et ils s'accordent avec ces substantifs lorsqu'ils en sont précédés.

Excepté Deucalion et Pyrrha, tout périt par le déluge. — Deucalion et Pyrrha *exceptés,* etc.

Passé vingt ans, on ne peut plus apprendre par cœur la table de Pythagore. — Vingt ans une fois *passés,* etc.

500. *Ci-joint, ci-inclus,* restent au masculin singulier quand ils sont placés devant des substantifs employés sans prédéterminatifs, ou lorsque, précédant des substantifs déterminés, ils commencent une phrase : dans ces deux cas, ces participes s'accordent avec le mot *ceci* sous-entendu.

Vous trouverez *ci-joint, ci-inclus copie* de ce que vous me demandez. (*Ci-joint, ci-inclus* étant placés devant un substantif employé sans prédéterminatif, restent au masculin singulier pour s'accorder avec le mot *ceci* sous-entendu.)

Ci-joint, ci inclus copie ou *la copie* de ce que vous me demandez. (*Ci-joint, ci inclus* commençant la phrase, s'accordent avec *ceci* sous-entendu.)

Vous trouverez *ci-jointe, ci-incluse la copie* que vous me demandez. (Les participes sont placés devant un substantif précédé du prédéterminatif *la*, et ne commencent pas la phrase, ils doivent par conséquent s'accorder en genre et en nombre avec ce substantif.)

Mais lorsque ces participes sont après les substantifs, ils en prennent toujours le genre et le nombre.

Prenez connaissance de *la pièce ci-incluse.*

Une copie de ce que vous demandez est *ci-jointe, ci-incluse.*

504. Le participe passif entre deux *que* ne varie pas lorsqu'il se rapporte à la proposition incidente qui le suit.

Les malheurs *que* l'abbé Suger avait *craint que* Louis VII n'éprouvât, sont arrivés. (*La chose crainte,* c'est que *Louis VII n'éprouvât des malheurs.*)

Vos parents *que* j'ai *prévenus que* vous perdez votre temps, aviseront à ce qu'ils ont à faire. (*Prévenus* varie pour s'accorder avec le régime direct *que,* pour *lesquels parents,* qui précède.)

502. Le participe passif reste au masculin singulier lorsqu'il se rapporte à *l'* représentant un membre de phrase.

La ruine de Troie arriva comme Cassandre *l'*avait *prédit,* — c'est-à-dire, comme Cassandre avait prédit *cela,* savoir, *que la ruine de Troie arriverait.*

503. Le participe passif, suivi immédiatement d'un verbe à l'indéfini, s'accorde avec le régime di-direct du verbe dont il concourt à former un temps composé, si ce régime précède; il ne varie pas si ce

régime direct est le verbe à l'indéfini. — La règle est la même s'il y a une préposition entre le participe et le verbe à l'indéfini.

Depuis que nous sommes nés, il s'est fait comme cent mondes nouveaux sur les ruines de celui qui nous a *vus* naître (naissant, qui naissions).
Fénelon.

Ruth ramassa les épis que les moissonneurs avaient *laissés* tomber.

Les enfants ayant bien travaillé, on les a *laissés* se divertir.

Pour avoir une juste idée des chefs-d'œuvre de la scène, il faut les avoir *vu* représenter par les grands comédiens.

Un grand nombre de rois avaient passé sur la terre pour des rois assez bons : ils avaient été condamnés aux peines du Tartare pour s'être *laissé* gouverner par des hommes méchants et artificieux. Ils étaient punis pour les maux qu'ils avaient *laissé* faire par leur autorité.
Fénelon, *Télémaque*, fin du livre XVIII.

Jeanne d'Arc s'est *proposée* à Charles VII pour délivrer Orléans.

J'ai rempli tous les devoirs que j'ai *eus* à remplir. Ici l'on fait accorder le participe passif *eus* avec *les devoirs* à remplir représentés par *que*, régime direct qui précède.

Nous ne devons point passer de jour sans donner quelque temps à la science que nous nous sommes *proposé* d'étudier. Restaut.

J'ai rempli tous les devoirs que j'ai *eu* à remplir. (Ici l'on fait rapporter le participe passif *eu* à l'action de remplir des devoirs, qui est exprimée après le participe.)

Dans les exemples de la première colonne, le parcipe passif varie pour s'accorder avec le régime direct qui le précède ; dans ceux de la seconde, le régime direct du temps composé étant le verbe à l'indéfini ou la proposition indéfinie qui suit le participe, ce dernier ne varie pas.

504. Lorsqu'un temps composé du verbe *faire* est suivi d'un verbe à l'indéfini, le participe passif *fait*

ne varie jamais, ce participe et le verbe à l'indéfini dont il est suivi ne formant, pour ainsi dire, qu'une seule expression.

Nabopharzan avait auprès de lui, dans les enfers, quelques esclaves qu'on avait *fait mourir* pour honorer ses funérailles.

Fénelon, Télémaque, livre XVIII.

Les ministres de l'Évangile se sont *fait entendre* aux peuples éloignés.

J.-J. Rousseau, Émile, livre IV.

505. Les participes passifs *pu*, *dû*, *voulu*, précédés d'un régime direct, ne varient jamais lorsque le temps composé à la formation duquel ils concourent, a dans sa dépendance un verbe à l'indéfini exprimé ou sous-entendu, le régime direct étant toujours celui du verbe à l'indéfini.

Heureux celui qui a rendu tous les services qu'il a pu (rendre) !

Heureux celui qui a fait toutes les choses qu'il a *dû* et *voulu* (faire) !

Que le verbe à l'indéfini soit exprimé ou seulement sous-entendu dans ces phrases, le participe ne doit pas varier.

Mais si les temps composés que les participes *dû* et *voulu* servent à former, n'ont point dans leur dépendance de verbe à l'indéfini et qu'ils soient précédés de leur régime direct, les participes prennent l'accord.

Charles XII et Napoléon voulaient fortement les choses qu'ils avaient une fois *voulues*.

On ne laisse pas après soi la réputation d'honnête homme si, pouvant le faire, on n'a pas payé toutes les sommes qu'on a *dues*.

506. Le peu d'instruction qu'on a *reçue* sert toujours.

Ne pas écrire correctement, c'est dévoiler *le peu* d'instruction qu'on a *reçu*.

Citation de Bescher.

Dans la première phrase, *reçue* s'accorde avec le

déterminatif *instruction* représenté par *que* et exprimant l'idée principale, celle qui frappe le plus l'esprit ; dans la seconde, *le peu*, représenté par *que*, exprime à son tour l'idée dominante, et c'est avec cet adverbe employé substantivement que le participe s'accorde. On raisonne de même dans tous les cas analogues (1).

CHAPITRE XX.

De quelques expressions prépositives.

507. *Avant* est, en général, relatif au temps, à l'ordre ; *devant* est relatif à la place ou au lieu.

> Autour du grand banquet siége une foule avide ;
> Mais bien des conviés laissent leur place vide,
> Et se lèvent *avant* la fin.
> V. Hugo, *les Orientales, Fantômes*, I.

Les licteurs étaient des espèces d'huissiers qui marchaient *devant* les principaux magistrats de l'ancienne Rome.

508. *Avant* étant une préposition, doit avoir un complément immédiat, à moins qu'il ne soit employé adverbialement ; *auparavant* est un adverbe et ne peut avoir de complément.

En 58 *avant Jésus-Christ*, César passa le Rubicon. Trois ans *auparavant*, il avait fait la conquête de la Gaule.

509. *Avant* peut se construire avec *de, que, que de* ; *auparavant* ne peut avoir aucun de ces mots dans sa dépendance. On peut dire : *Avant de* combattre, *avant qu*'ils combattent, ou, avec Corneille,

> *Avant que de* combattre, ils s'estiment perdus.
> *Le Cid*, acte IV, scène III.

(1) Voyez page 125, n°ˢ 450 et 451.

510. *Au travers* se construit avec la préposition *de*; *à travers* doit être immédiatement suivi de son complément. On dit : *Se faire jour* AU TRAVERS DES ENNEMIS, *aller* A TRAVERS LES CHAMPS, A TRAVERS CHAMPS.

511. *Être à la campagne*, c'est être aux champs, au milieu des paysans, dans une maison de plaisance. — *Être en campagne* se dit des troupes qui sont en mouvement pour aller à la rencontre de l'ennemi. *Être en campagne* signifie encore être hors de chez soi, occupé à faire des démarches.

512. *Près de* et *auprès de*, expriment également une idée de proximité ; mais la dernière des deux locutions prépositives éveille quelquefois dans l'esprit une idée d'assiduité, de sentiment.

Le roi *près de* l'autel attend Iphigénie.

Racine, *Iphigénie*, acte III, sc. V.

Une mère est heureuse *auprès de* ses enfants.

513. *Vis-à-vis, en face, proche, près, hors* (dans tout autre sens que celui d'*excepté*), se construisent avec la préposition *de*. Cependant, dans le discours familier, on peut se dispenser de faire usage de cette préposition lorsque le complément est un mot de plusieurs syllabes.

En face de Ténédos était l'ancienne Troie.

On terminera ainsi une adresse : *Passy*, PRÈS PARIS.

On dit encore : *M. un tel a été nommé ambassadeur* PRÈS LE SAINT-SIÉGE.

514. *Hors* signifiant *excepté*, n'est suivi de la préposition *de* que devant un verbe à l'indéfini.

Tout est perdu *hors l'honneur.*

Hors de le battre, il ne pouvait le traiter plus mal.

Académie.

515. Dans *près de* signifiant *presque*, on ne peut jamais supprimer *de*.

Le soleil est *près d'*un million trois cent mille fois plus gros que la terre.

516. *Près de* veut dire par extension *sur le point de*; *prêt à* signifie *préparé*, *disposé à* :

> Un vieillard *près d'*aller où la mort l'appelait :
> Mes chers enfants, dit-il.....
> > La Fontaine, *le Vieillard et ses Enfants.*

Le papillon échappe à la main *prête à* le saisir.
> > Bernardin de Saint-Pierre, *Harmonies de la Nature,* t. ii.

517. Le complément de *parmi* doit exprimer une pluralité indéterminée ou un nombre au-dessus de trois. Il peut être un singulier collectif.

Le comte de Fontaines se trouva par terre, *parmi des milliers de morts.*
> > Bossuet.

On pourrait dire aussi : *Parmi la foule des morts.*

518. *Entre* suppose, en général, deux choses distinctes. Il se dit aussi dans le sens de *parmi.*

Étampes est *entre Paris et Orléans.*
Le comte de Fontaines fut trouvé *entre les morts.*

519. *Voici* sert à montrer des objets proches ou annonce ce qu'on va dire; *voilà* indique des objets plus éloignés ou se rapporte à ce qu'on vient de dire.

Voici (près de moi) un élève qui étudie ; en *voilà* un (au fond de la classe) qui perd son temps.

> *Voici* trois médecins qui ne se trompent pas :
> Gaîté, doux exercice et modeste repas.
> > Domergue.

Aimer Dieu par-dessus tout et son prochain comme soi-même, *voilà* le sommaire de la loi.

520. *Durant* exprime une durée continue, et se place quelquefois après son complément ; *pendant* indique une ou plusieurs parties quelconques d'un espace de temps.

La fourmi fait, *pendant* l'été, les provisions dont elle a besoin *durant* l'hiver.

Laveaux.

521. Les mots *dessus, dessous, dedans, dehors,* qui sont des adverbes, s'emploient comme prépositions :

1° Lorsque les deux opposés sont réunis ; dans ce cas, ils ont le même complément ; 2° quand ils sont précédés des prépositions *de, par : Ni dedans ni dehors la ville, dessus ou dessous la table, par dessous la porte, de dessus la voûte.*

522. Les prépositions *à, de, en,* lorsqu'elles ont plusieurs compléments de suite, se répètent en général devant chacun d'eux.

L'homme corrompu se désire toutes sortes *de* biens, *d*'honneurs, *de* plaisirs, et il n'en désire qu'à soi-même, ou par rapport à soi-même. Il voudrait que toutes les créatures ne fussent occupées qu'*à* le contenter, *à* le louer, *à* l'admirer.

Nicole, Essais de Morale.

L'ÉCRITURE surpasse *en* naïveté, *en* vivacité, *en* grandeur, tous les écrivains de Rome et de la Grèce.

Fénelon, Dial. sur l'Éloq. de la Chaire.

CHAPITRE XXI.

De quelques expressions adverbiales.

523. On dit *plus de, plus que ;* mais, selon tous les grammairiens, *davantage* ne peut avoir ni la préposition *de* ni la conjonction *que* dans sa dépendance. Ainsi, suivant eux, cette phrase de J.-J. Rousseau est vicieuse :

Émile respectera *davantage* un particulier plus vieux que lui, *qu'*un magistrat de son âge.

Émile, livre IV.

524. *Davantage* est un comparatif et ne peut s'employer au lieu du superlatif *le plus*. Il est bien employé dans cette phrase : *La violette nous plaît ; mais la rose nous plaît encore* DAVANTAGE. Mais dans celle-ci, *De toutes les fleurs, la rose est celle qui charme* LE PLUS *l'odorat et la vue*, on ne pourrait remplacer *le plus* par *davantage*.

Davantage ne peut se placer ni devant un qualificatif ni devant un participe pour les modifier.

525. *Plus tôt* (en deux mots) exprime une idée de temps et a pour opposé *plus tard*. — *Plutôt* (en un seul mot) exprime une idée de préférence.

Il vaut mieux veiller moins tard et se lever *plus tôt*.

Que les Dieux me fassent périr *plutôt* que de souffrir que la mollesse et la volupté s'emparent de mon cœur !
Fénelon, Télémaque, livre Ier.

526. *Si* et *aussi*, exprimant une idée d'égalité ou d'extension, modifient le plus souvent un qualificatif ou un adverbe et quelquefois un participe passif.

Socrate était *aussi vaillant* que sage. — Turenne était *aussi sage* que vaillant. (L'attribution principale, celle qui fait le fond du caractère, doit se placer après *que*.)
Domergue.

Voltaire n'a pas écrit *si purement* que Boileau et Racine.

Il n'y a aucun de ses sujets qui ne hasardât sa propre vie pour conserver celle d'un *si bon* roi.
Télémaque, livre VIII.

Aucune ville n'est *aussi peuplée* que Londres.

527. *Tant, autant,* modifient généralement un verbe ou un participe.

Fénelon était, à juste titre, *autant aimé* qu'admiré.

On trouverait plus d'une phrase analogue à celle-ci : *Il est* AUTANT DIFFICILE *à subjuguer qu'il est in-*

capable de vouloir subjuguer les autres (1), dans laquelle *autant* est joint à un qualificatif.

Autant peut encore modifier un qualificatif lorsqu'on emploie cette construction :

Socrate était *vaillant autant* que sage. — Turenne était *sage autant* que vaillant.

528. La plupart des grammairiens blâment l'emploi de l'adverbe *si* pour modifier une locution adverbiale. Ils ne veulent pas qu'on dise : *si en peine, si en colère, si à l'aise, si à propos,* mais bien : *si fort en peine, si fort en colère, si bien à l'aise, si bien à propos.*

529. *De suite* veut dire *l'un après l'autre, sans interruption.*

On assure que Pygmalion ne couche jamais deux nuits *de suite* dans la même chambre.

Télémaque, livre III.

Tout de suite signifie *incontinent, sur l'heure.*

Il faut que les enfants obéissent *tout de suite.*

Académie.

530. *Tout à coup* veut dire *soudainement, subitement ; tout d'un coup* signifie *en une seule fois.*

Après quelques instants d'un horrible silence,
Tout à coup le feu brille, il s'irrite, il s'élance.....

C. Delavigne, *Messéniennes, la Mort*
de Jeanne d'Arc.

On ne se déprave pas *tout d'un coup.*

J.-J. Rousseau, *Émile,* livre IV.

531. *Ne, ne pas, ne point,* forment trois degrés de négation, dont le premier est le plus faible et le dernier le plus fort. La négation exprimée par *ne* peut encore être complétée par les mots *guère, jamais, plus, rien, personne, aucunement, nullement, aucun, nul, goutte, mot.*

---

(1) *Télémaque,* sur la fin du livre VIII.

Qui *ne* sait se borner, *ne* sut *jamais* écrire.
Boileau, *Art poétique*, ch. 1er.

Il *ne* va *pas* où on l'attend ; il arrive tard où il *n'est point* attendu.
Desmahis, *le Fat*.

532. Souvent *ne*.... *que* équivaut à *seulement*.

Ne crains *que* les remords (crains seulement les remords) !

533. Il ne faut pas confondre *ne faire que* et *ne faire que de* : *il ne fait que sortir* signifie *il sort à tous moments*, et *il ne fait que de sortir* signifie *il n'y a qu'un instant qu'il est sorti*.

534. Après *craindre*, *appréhender*, *trembler*, *avoir peur*, suivis de la conjonction *que*, et après les locutions conjonctives *de crainte que*, *de peur que*, *ne* s'emploie seul, s'il est question d'une chose dont on ne souhaite pas l'accomplissement.

.... *craignez que* le Ciel quelque jour
Ne transporte chez vous les pleurs et la misère.
La Fontaine, *le Paysan du Danube*.

On n'osait parler *de peur que* Mentor *n'eût* encore quelque chose à dire, et *qu'on ne* l'empêchât d'être entendu.
Télémaque, livre X.

On ajoute à la négation *ne* l'un des mots *pas*, *point*, *guère*, *jamais*, etc., s'il s'agit d'une chose dont on désire l'accomplissement.

Je crains que mes efforts *ne* soient *pas* couronnés de succès.

535. *Ne* ne peut modifier un verbe dans la dépendance de la locution conjonctive *sans que* ou du verbe *défendre*.

Le sol fut raffermi et la violence calmée, *sans que* la passion fût éteinte.
Préface du *Dictionnaire de l'Académie*.

Dieu *défend* que nous attentions à notre vie.

CHAPITRE XXII.

De la Conjonction.

536. Les expressions unies par des conjonctions et même toutes les parties d'une énumération doivent être de même nature. Par exemple, de ces deux manières de s'exprimer, *Il sait lire, écrire, compter et orthographier,* et *Il sait la lecture, l'écriture, le calcul et l'orthographe,* on peut choisir celle qu'on préfère : on peut opter pour les verbes ou pour les substantifs ; mais il ne faut pas mêler les uns avec les autres, et faire suivre un verbe d'un substantif ou un substantif d'un verbe. Il n'est pas plus permis de joindre un substantif avec une proposition entière, et l'on ne peut que choisir entre les deux phrases suivantes sans en mêler les expressions de nature différente : *Je crois en Dieu et à une autre vie* et *Je crois qu'il existe un Dieu et qu'il y a une autre vie.*

537. La préposition *sans* se répète après la conjonction *et; ni* dispense de cette répétition. On dit : *sans vice et sans vertu, sans plaisir et sans peine,* ou *sans vice ni vertu, sans plaisir ni peine.*

538. Entre autres usages de la conjonction *que,* on l'emploie pour éviter la répétition des conjonctions *si, comme, quand,* et surtout des locutions conjonctives *dès que, lorsque, quoique, puisque,* etc.

> *Aussitôt que* le char chemine
> Et *qu'*elle voit les gens marcher,
> Elle s'en attribue uniquement la gloire.
> La Fontaine, *le Coche et la Mouche.*

CHAPITRE XXIII.

Des Homonymes.

539. On appelle *homonymes* les mots dont la prononciation est la même ou presque la même, mais dont le sens est différent. Les uns, tels que *champ* (pièce de terre labourable), *chant* (paroles et sons musicaux), qui diffèrent tout à la fois par le sens et par l'orthographe, sont purement *homophones*; les autres, qui s'écrivent de même, mais dont la signification propre est différente, sont dits *homographes*; tel est le mot *coin* (1), dont l'orthographe est la même soit qu'il signifie un *angle*, un *instrument à fendre le bois* ou la *matrice avec laquelle on marque la monnaie ou les médailles*.

LISTE DES PRINCIPAUX HOMONYMES.

Accueil, substantif. — *Accueille, accueilles, accueillent*, du verbe *accueillir*.

Acquis, participe passif d'*acquérir*. — *Acquit*, quittance.

Air, fluide qui enveloppe la terre. — *Aire*, place où l'on bat les grains. — *Ère*, point de départ chronologique. — *Erre, erres, errent*, du verbe *errer*, aller çà et là, se tromper. — *Erres*, traces ou voies du cerf. — *Haire*, petite chemise de crin ou de poil de chèvre, que l'on porte sur la peau par esprit de pénitence. — *Hère*, homme sans bien ni crédit.

Alène, poinçon de fer pour percer le cuir. — *Haleine*, souffle de la respiration.

----

(1) Ce mot a pour homophone *coing*, fruit du *cognassier*.

Amande, fruit de l'amandier. — *Amende*, peine pécuniaire.

Ancre, instrument de fer pour arrêter les vaisseaux. — *Encre* à écrire.

Antre, caverne. — *Entre*, *entres*, *entrent*, du verbe *entrer*. — *Entre*, préposition.

Appas, agréments extérieurs. — *Appât*, pâture destinée à attirer dans un piége.

Apprêt, préparatif. — *Après*, préposition qui exprime une idée de postériorité.

Are, unité des grandes surfaces agraires. — *Arrhes*, gage pour un marché. — *Art*, combinaison de moyens. — *Hart*, lien, corde.

Auspice, augure, présage. — *Hospice*, maison de charité.

Autel, table pour les sacrifices. — *Hôtel*, grande maison habitée par une personne de qualité ou destinée à un établissement public.

Auteur, celui qui a écrit quelque ouvrage. — *Hauteur*, élévation.

Avant, préposition qui exprime une idée d'antériorité. — *Avent*, temps qui précède immédiatement la fête de Noël.

Aveuglement, substantif. — *Aveuglément*, adverbe.

Bah ! exclamation d'étonnement. — *Bas*, chaussure. — *Bas*, *basse*, qualificatif. — *Bât*, selle pour les bêtes de somme. — *Bat*, *bats*, du verbe *battre*.

Balai, ustensile qui sert à nettoyer. — *Ballet*, espèce de danse.

Banc, long siége étroit. — *Ban*, publication, exil.

Batiste, espèce de toile. — *Baptiste*, substantif propre.

Bonace, terme de marine, temps calme. — *Bonasse*, trop bon.

Bonheur, prospérité. — De *bonne heure*, tôt.

Brocard, raillerie piquante. — *Brocart*, étoffe de soie. — *Broquart*, jeune bête fauve.

Caen, chef-lieu du Calvados. — *Camp*, espace où une armée en campagne dresse ses tentes. — *Kan*, prince tartare. — *Kan* ou *Khan*, caravansérai ou caravansérail, hôtellerie d'Orient. — *Quand*, lorsque. — *Quant à*, pour, pour ce qui est de, pour ce qui regarde. — *Qu'en*, qu'en dira-t-on (*que* dira-t-on *de cela*)?

Cahot, saut que fait une voiture. — *Chaos*, confusion, assemblage confus.

Cane, femelle du canard. — *Canne*, bâton sur lequel on s'appuie en marchant.

Ce, marque indication. — *Se*, peut se traduire par *soi*, *à soi*.

Ceint, participe passif de *ceindre*. — *Cinq*, adjectif de nombre. — *Sain*, de bonne constitution. — *Saint*, pur. — *Sein*, partie extérieure de la poitrine. — *Seing*, signature.

Cèle, de *celer* (cacher). — *Celle*, féminin de *celui*. — *Scelle*, de *sceller* (appliquer un cachet). — *Sel*, substance dont on se sert pour assaisonner les aliments. — *Selle*, sorte de siége qu'on met sur le dos d'un cheval. — *Selle*, de *seller* (mettre une selle sur le dos d'un cheval). — *Selle*, aller à la selle.

Cellier, lieu où l'on serre le vin et d'autres provisions. — *Sellier*, ouvrier qui fait des selles.

Cène, dernier souper de Jésus-Christ avec ses apôtres. — *Saine*, féminin de *sain*, en bonne santé. — *Scène*, lieu où les acteurs jouent. — *Seine*, fleuve. — *Seine*, sorte de filet.

C'en, c'en est fait. — *Cens*, quotité d'imposition. — *Cent*, dix fois dix. — *Sang*, liqueur rouge qui circule dans les veines. — *Sans*, préposition qui exprime une idée de privation. — *S'en*, il *s'en* fâche. — *Sens* : le toucher, la vue, l'ouïe, le goût et l'odorat. — *Sens*, sous-préfecture de l'Yonne. — *Sens* et *sent*, de *sentir*.

Censé, réputé, considéré comme. — *Sensé*, qui a du bon sens.

Cep, pied de vigne. — *Ces* marque indication. — *C'est*, pour *ce* (ceci ou cela) est. — *Sept*, adjectif de nombre. — *Ses*, marque possession. — *S'est*, s' pour *se; soi, à soi*.

Chaîne, lien. — *Chêne*, arbre.

Chair, substance qui est entre la peau et les os. — *Chaire*, tribune. — *Cher, chère*, aimé, ée, qui coûte beaucoup. — *Cher*, rivière et département. — *Chère*, régal, repas.

Chaud, chaude, qualificatif. — *Chaux*, espèce de pierre dissoute dans l'eau.

Ci, abréviation de *ici*. — *Scie*, lame de fer pour scier. — *Si*, conjonction. — *Si*, adverbe. — *Six*. adjectif de nombre. — *S'y, s'y* bien prendre, (se bien prendre *à cela*).

Comptant, argent comptant. — *Contant*, participe actif de *conter*, raconter. — *Content*, satisfait.

Compte d'apothicaire. — *Compte, comptes, comptent*, du verbe *compter*, calculer. — *Conte* à dormir debout. — *Conte, contes, content*, de *conter*. — *Comte*, titre supérieur à celui de baron.

Coq, oiseau de basse-cour. — *Coque*, enveloppe extérieure de l'œuf, de l'amande, etc.

Cor, durillon et instrument à vent. — *Corps*, ensemble des organes. — *Cors*, cornes qui sortent des perches du cerf.

Dais, espèce de ciel de lit. — *Dé* à jouer, *dé* à coudre. — *Dey*, chef du gouvernement de Tunis, de Maroc.

Danse, mouvement cadencé du corps. — *Dense*, épais.

Date, époque. — *Date, dates, datent*, du verbe *dater*. — *Datte*, fruit du *dattier*.

Davantage, adverbe. — *D'avantage*, préposition et substantif.

Dégoûter, inspirer de la répugnance. — *Dégoutter*, tomber goutte à goutte.

Dessein, intention, projet. — *Dessin*, racine de *dessiner*.

Différant, participe actif de *différer*. — *Différend*, débat. — *Différent*, dissemblable, qualificatif.

Dom ou *don*, titre d'honneur. — *Don*, présent. — *Donc*, marque une conclusion. — *Dont*, de qui, duquel, de laquelle, desquels, desquelles.

Echo, son renvoyé par un corps solide. — *Ecot*, quote-part.

Eclair, éclat de lumière qui précède le coup de tonnerre. — *Eclaire, éclaires, éclairent*, du verbe *éclairer*.

Enter, greffer. — *Hanter*, fréquenter.

Envi (à l'), avec émulation. — *Envie*, chagrin.

Equivalant, participe actif simple d'*équivaloir*. — *Equivalent, ente*, qualificatif; *équivalent*, substantif.

Etang, amas d'eau dormante. — *Etant*, participe actif simple du verbe *être*. — *Etends, étend*, du verbe *étendre*.

Eveil, substantif, avis, alerte. — *Eveille, éveilles, éveillent*, du verbe *éveiller*.

Excellant, participe actif simple d'*exceller*. — *Excellent, ente*, qualificatif.

Exaucer, accorder. — *Exhausser*, élever plus haut.

Faîte, comble, sommet. — *Faites, faite*, du verbe *faire*. — *Fête*, jour de repos.

Foi, croyance. — *Foie* de veau, foie gras. — *Fois,* une fois, deux fois. — *Foix,* chef-lieu de préfecture de l'Ariége. — *Fouet,* instrument de correction.

Fond, partie la plus basse, la plus enfoncée. — *Fonds, fond,* de *fondre.* — *Fonds,* sol d'une terre, somme d'argent. — *Font,* de *faire.* — *Fonts* baptismaux.

Gaz, éclairage au gaz. — *Gaze,* espèce d'étoffe fort claire.

Geai, oiseau. — *Jais* ou *jaïet,* substance d'un noir luisant. — *Jet* d'eau ; *jet,* bourgeon, scion.

Huis, vieux mot qui signifie porte : *à huis clos* (portes fermées). — *Huit,* adjectif de nombre.

Le, la, les, prédéterminatifs, précèdent les substantifs ; *le* (lui, cela), *la* (elle), *les* (eux, elles), visubstantifs, accompagnent les verbes. — *Lai,* laïque, qui n'est point destiné aux ordres sacrés. — *Lai,* vieux mot, doléance ; espèce de poème. — *Laid,* l'opposé de *beau.* — *Laie,* femelle du sanglier. — *Lais,* jeune baliveau de réserve. — *Lait* de vache, de chèvre. — *Lé,* largeur d'une étoffe. — *Legs,* don fait dans la prévision de la mort. — *Lez,* près : *Le Plessis-lez-Tours, Saint-Denis-lez-Paris.*

Leur (à eux, à elles), visubstantif simple, accompagne un verbe, auquel on le joint par un trait d'union quand il est après : dans ce cas il ne prend jamais de *s.* — *Leur, leurs* (le, la, les... d'eux, d'elles *ou* le, la, les... appartenant à eux, à elles), prédéterminatif possessif. *Rappelez-leur leurs engagements* ou *leur engagement.* — *Le leur, la leur, les leurs,* visubstantifs possessifs : Ce livre-ci est *le mien,* ce livre-là est *le leur,* ces livres-là sont *les leurs.*

Lieu, endroit. — *Lieue,* ancienne mesure itinéraire.

Maire, magistrat. — *Mer* Méditerranée. — *Mère*, femme qui a un ou plusieurs enfants.

Maître, qui a des serviteurs, des ouvriers ; professeur. — *Mètre*, mesure. — *Mettre*, placer.

Mante, vêtement de femme. — *Mantes*, ville de Seine-et-Oise. — *Mente, mentes, mentent*, de *mentir*. — *Menthe*, plante odoriférante.

Maux, pluriel de *mal*. — *Meaux*, sous-préfecture de Seine-et-Marne. — *Mot*, parole.

Martyr, e, qui souffre, qui meurt par dévouement. — *Martyre*, tourment, mort du martyr.

Moi, personnatif de première personne. — *Mois*, douzième partie de l'année.

Mords, mord, de *mordre*. — *Mors*, pièce de la bride qui se place dans la bouche du cheval pour le gouverner. — *Mort*, fin de la vie.

Négligeant, participe actif de *négliger*. — *Négligent, ente*, qualificatif.

Ni : Ni l'un ni l'autre n'a fait son devoir. — *Nid* d'oiseau. — *N'y :* Regardez cela, mais *n'y* touchez pas (*ne* touchez pas *à cela*).

Nourrice, femme qui allaite un enfant. — *Nourrisse, nourrisses, nourrissent*, du verbe *nourrir*.

On, quelqu'un, un être quelconque. — *Ont*, du verbe *avoir*.

Oubli, manque de souvenir. — *Oublie*, sorte de pâtisserie. — *Oublie, oublies, oublient*, du verbe *oublier*.

Oui, opposé à *non*. — *Ouï*, participe passif du verbe *ouïr*. — *Ouïe*, sens dont l'organe est l'oreille. — *Ouïes*, ouvertures qu'ont les poissons aux côtés de la tête.

Pain, farine pétrie et cuite au four. — *Peins, peint*, de *peindre*. — *Pin*, arbre résineux.

Pair, être jugé par ses pairs. — Une *paire*, un couple ; deux choses qui vont ensemble. — *Perds*, *perd*, du verbe *perdre*. — *Père*, celui qui a un ou plusieurs enfants. — *Pers, perse*, couleur entre le vert et le bleu.

Palais, maison somptueuse ; partie supérieure du dedans de la bouche. — *Palet*, jouer au palet.

Panser, soigner. — *Penser*, exercer les facultés de son intelligence.

Parce que (en deux mots), locution conjonctive, à cause que. — *Par ce que* (en trois mots), par la chose ou les choses que.

Pau, chef-lieu des Basses-Pyrénées. — *Peau*, membrane qui couvre extérieurement toutes les parties du corps. — *Pô*, fleuve d'Italie. — *Pot*, vase.

Pène, partie d'une serrure. — *Peine*, douleur.

Peu, en petite quantité. — *Peux, peut*, du verbe *pouvoir*.

Plain, plaine, uni, ie, de plain pied, en pleine campagne. — *Plein, pleine*, rempli, ie. — *Plains, plaint*, du verbe *plaindre*.

Poing, main fermée. — *Point*, la plus petite marque.

Poids, ce qu'une chose pèse. — *Pois*, légume. — *Poix*, matière gluante. — *Pouah !* exclamation de dégoût.

Pou, vermine. — *Pouls*, battement des artères : *Tâter le pouls*.

Précédant, participe actif simple de *précéder*. — *Précédent, ente*, qualificatif.

Présidant, participe actif simple de *présider*. — *Président*, substantif.

Puis, ensuite. — *Puis*, du verbe *pouvoir*. — *Puits*, trou creusé pour en tirer de l'eau. — *Le Puy*, chef-lieu de préfecture de la Haute-Loire.

Quoique (en un seul mot), bien que, encore que. — *Quoi que* (en deux mots), quelque chose que.

Raie, trait ; poisson. — *Rais*, rayons d'une

roue. — *Rets*, filet. — *Retz* : Le cardinal de Retz soutint les frondeurs.

Raiponce, plante dont les racines se mangent en salade. — *Réponse* : A sotte demande point de réponse.

Raisonner, former une suite de jugements. — *Résonner*, retentir.

Recueil, substantif. — *Recueille, recueilles, recueillent*, du verbe *recueillir*.

Règlement, ordonnance. — *Réglément*, d'une manière réglée.

Reine, féminin de *roi*. — *Rêne*, courroie de la bride d'un cheval. — *Renne*, quadrupède. — *Rennes*, chef-lieu de préfecture d'Ille-et-Vilaine.

Résidant, participe actif simple de *résider*. — *Résidant, ante*, qualificatif. — *Résident*, envoyé diplomatique.

Réveil, substantif. — *Réveille, réveilles, réveillent*, du verbe *réveiller*.

Ris ou *rire*. — *Ris, rit, rie, ries, rient*, du verbe *rire*. — *Riz*, grain farineux.

Sale, malpropre. — *Salle*, grande pièce dans un appartement.

Saut, action de *sauter*. — *Sceau*, cachet. — *Sceaux*, bourg. — *Seau*, vaisseau pour puiser de l'eau. — *Sot*, sans esprit et sans jugement.

Serein, eine, qui est clair, doux et calme. — *Serein*, fraîcheur. — *Serin*, oiseau.

Soi, visubstantif réfléchi. — *Soie*, fil produit par le ver à soie. — *Soies*, poil long et rude de certains animaux. — *Sois, soit, soient*, du verbe *être*.

Sou, monnaie. — *Soûl, Soûle*, pleinement repu, ivre. — *Sous*, préposition.

Sommeil, substantif. — *Sommeille, sommeilles, sommeillent*, du verbe *sommeiller*.

Statue, figure de plein relief. — *Statue, statues*

statuent, de *statuer*, ordonner. — *Statut*, règlement.

Tan, écorce de chêne employée par les tanneurs. — *Tant*, adverbe. — *Temps*, durée, succession de parties. — *T'en*, *t'en* souvient-il (*te* souvient-il *de cela*)? *Tends*, *tend*, du verbe *tendre*.

Tain, feuille d'étain qu'on applique derrière des glaces pour en faire des miroirs. — *Teins*, *teint*, du verbe *teindre*. — *Teint*, coloris du visage. — *Tins*, *tint*, *tînt*, du verbe *tenir*. — *Thym*, plante odoriférante.

Tante, la sœur du père ou de la mère. — *Tente*, pavillon de toile. — *Tente*, *tentes*, *tentent*, du verbe *tenter*.

Taon, grosse mouche. — *Thon*, gros poisson de mer. — *Ton*, la gamme comprend cinq *tons* et deux demi-*tons*. — *Ton*, adjectif possessif.

Toi, personnatif de seconde personne. — *Toit*, couverture d'une maison.

Tout, *toute*, prédéterminatif et qualificatif. — *Tout*, chose en son entier. — *Toux*, symptôme du rhume de poitrine.

Travail, substantif. — *Travaille*, *travailles*, *travaillent*, du verbe *travailler*.

Tribut, imposition. — *Tribu*, division du peuple.

Van, instrument d'osier pour *vanner*. — *Vent*, agitation sensible dans l'air. — *Vends*, *vend*, du verbe *vendre*.

Vanter, louer beaucoup. — *Venter*, faire du vent.

Vau, à vau-l'eau (suivant le cours de l'eau). — *Vaud*, canton suisse. — *Vaux*, pluriel de *val* (vallée) : Aller par monts et par vaux. — *Vaux*, *vaut*, de *valoir*. — *Veau*, le petit de la vache. — *Vos*, adjectif possessif.

Ver, animal rampant. — *Verre*, corps transpa-

rent et fragile. — *Vers*, paroles mesurées et caden-
cées. — *Vers*, préposition. — *Vert, verte*, qui est
de la couleur de l'herbe.

Vice, opposé à *vertu*. — *Vis*, pièce cannelée en
ligne spirale. — *Visse, visses, vissent*, du verbe
visser ou du verbe *voir*.

Voie, chemin, moyen. — *Vois, voit, voie, voies,
voient*, du verbe *voir*. — *Voix*, son.

CHAPITRE XXIV.

De la Ponctuation.

540. La ponctuation consiste dans l'emploi des
signes destinés à faciliter l'intelligence des rapports
plus ou moins intimes qui unissent les sens partiels
d'un discours écrit; elle indique, en général, la
proportion des poses que l'on doit faire en lisant.
Ces signes sont : la *virgule* (,), le *point et virgule*
(;), les *deux points* (:), le *point* (.), le *point
d'interrogation* (?), le *point d'exclamation* (!),
les *points de suspension* (.....), le *trait de séparation* (—) et les *guillemets* (« »).

De la Virgule.

541. La *virgule* marque la moindre de toutes les
pauses ; elle s'emploie pour séparer les parties semblables qui se suivent dans une même phrase, pourvu
qu'elles aient peu d'étendue et qu'elles ne soient pas
elles-mêmes subdivisées en d'autres parties subalternes. Ces parties séparables par la virgule sont :
plusieurs *sujets* d'un même verbe, plusieurs *modificatifs* se rapportant au même substantif, plusieurs
verbes ayant le même sujet, plusieurs *compléments*
d'un même mot, directs ou bien marqués par la

même préposition, plusieurs *propositions* de même nature, enfin les *détails*, quels qu'ils soient, d'une énumération.

Fénelon, Racine, Bossuet, Despréaux, emploient toujours le mot propre. (On met une virgule même après le dernier sujet, pour montrer qu'il n'influe pas seul sur le verbe : on pourrait n'en pas mettre si le dernier sujet était au pluriel.)

Une vie *sobre, modérée, simple, exempte d'inquiétudes et de passions, réglée et laborieuse,* retient la vive jeunesse dans les membres d'un homme sage.

Télémaque, livre IX.

Les bons auteurs n'*ont* de l'esprit qu'autant qu'il en faut, ne le *cherchent* jamais, *pensent* avec bon sens, et *s'expriment* avec clarté.

Voltaire, lettre à Mlle ***.

Le vin cause *les maladies, les querelles, les séditions, l'oisiveté, le dégoût* du travail, *le désordre* des familles.

Télémaque, livre XII.

Je renonce *à la Grèce, à Sparte, à son empire,
A toute ma famille.*

Racine, *Andromaque,* acte V, sc. IV.

Je vous le donne en quatre, je vous le donne en six, je vous le donne en cent.

Lettre de Mme de Sévigné.

Tout était en commun, *plaisir, chagrin, souffrance.*

Florian, *le Lapin et la Sarcelle.*

542. Les conjonctions *et, ni, ou,* dispensent d'employer la virgule lorsque les parties semblables, unies par ces conjonctions, ont fort peu d'étendue, et qu'elles ont le même complément ou n'en ont aucun. Cette règle n'est pas applicable au cas où les conjonctions *et, ni, ou,* sont répétées devant chacune des parties semblables pour donner plus de vivacité à la phrase.

Les grands *et* les petits sont tous tributaires de la mort.

Sésostris ne méprisait *ni* ne rebutait personne.

Télémaque, livre II.

Les méchants seront punis dans cette vie *ou* dans l'autre.

> Ma vie est l'instant où je suis,
> *Et* non l'instant où je dois être.
>> J.-B. Rousseau, *Sur le Nouvel An*.

> On égorge à la fois les enfants, les vieillards,
> *Et* la sœur et le frère,
> *Et* la fille et la mère,
> Le fils dans les bras de son père !
>> Racine, *Esther*, acte Ier, sc. v.

543. Lorsqu'une *proposition accessoire* commence une phrase, on met une virgule après cette espèce de proposition ; mais lorsque la proposition accessoire vient après celle dont elle dépend, on ne sépare l'une de l'autre par une virgule, que si elles ont quelque étendue. On met entre deux virgules la proposition accessoire intercalée entre les parties d'une autre proposition.

> *Si le fils de Thétis n'eût point été au monde dans le même temps qu'Hector*, celui-ci eût été invincible.

> Hector eût été invincible, *si le fils de Thétis n'eût point été au monde dans le même temps.*
>> *Télémaque*, livre XIX.

> Hector, *si le fils de Thétis n'eût point été au monde dans le même temps*, eût été invincible.

544. Toute *proposition incidente explicative* doit, à la fin d'une phrase, être précédée d'une virgule, et, dans le corps d'une phrase, se mettre entre deux virgules.

> Les méchants sont capables d'ajouter à tous leurs autres vices le plus horrible des vices, *qui est l'hypocrisie.*
>> *Télémaque*, livre XIII.

> Minerve, *qui accompagnait Télémaque sous la figure de Mentor*, ne voulait pas être connue de Calypso.
>> Id., livre Ier.

545. La *proposition incidente restrictive* ne peut être séparée par une virgule du mot qu'elle modifie immédiatement ; on ne peut que la faire suivre de cette marque de ponctuation, si elle a quelque étendue.

> Le présent est l'unique bien
> *Dont l'homme soit vraiment le maître.*
> **J.-B.** Rousseau, *Sur le Nouvel An.*
> Celui *qui met un frein à la fureur des flots,*
> Sait aussi des méchants arrêter les complots.
> *Athalie,* acte 1er, sc. 1re.

Cependant, après l'adverbe *si* modifiant un adjectif ou autre adverbe, et après *tel, tellement, tant,* la proposition incidente restrictive peut être précédée d'une virgule.

Les princes gâtés par l'adulation deviennent si délicats, *que tout ce qui n'est point flatterie les blesse et les irrite.*

546. Tout *sens additionnel* qu'on peut assimiler à une proposition accessoire ou à une incidente, donne lieu à la même ponctuation que ces espèces de propositions. Toute *addition de mots* qui, sans être indispensables pour le sens, rendent l'expression plus énergique ou plus élégante, demande la même ponctuation que la proposition incidente explicative.

Les Nymphes, *couronnées de fleurs,* dansaient ensemble dans une prairie, *sur le bord d'une rivière, auprès d'un bocage.*
Télémaque, livre XVII.

> Et que m'a fait, *à moi,* cette Troie où je cours ?
> Racine, *Iphigénie,* acte IV, sc. VI.

547. On met entre deux virgules, ou bien l'on fait précéder ou suivre d'une virgule les propositions principales qu'on peut intercaler dans d'autres et que pour cela on appelle *incises,* selon que ces propositions se trouvent dans le corps de la phrase, à la fin ou au commencement.

> ..... que gagnez-vous, *dites-moi,* par journée?
> La Fontaine, *le Savetier et le Financier.*

548. On fait suivre d'une virgule le substantif au *compellatif* lorsqu'il commence une phrase ; lorsqu'il en sépare les parties, on le met entre deux virgules ; lorsqu'il termine une phrase ou un membre

de phrase, on le sépare de ce qui précède par une virgule.

> *Seigneur*, dans ta gloire adorable
> Quel mortel est digne d'entrer ?
>> J.-B. Rousseau, ps. XIV.

> C'est dommage, *Garo*, que tu n'es point entré
> Au conseil de celui que prêche ton curé.
>> La Fontaine, *le Gland et la Citrouille*.

> Je te plains de tomber dans ses mains redoutables,
> *Ma fille*.
>> Racine, *Athalie*, acte II, sc. V.

Lorsque le compellatif est précédé de l'interjection *ô*, on a coutume de substituer à la virgule le point d'exclamation.

549. Une *partie transposée*, autre qu'un complément déterminatif, si elle commence la proposition, doit être suivie d'une virgule ; elle doit être entre deux virgules, si elle est enclavée dans d'autres parties de la proposition.

> *Toutes les dignités que tu m'as demandées,*
> Je te les ai sur l'heure et sans peine accordées.
>> Corneille, *Cinna*, acte V, sc. Ire.

> Le savetier crut voir tout l'argent que la terre
> Avait, *depuis plus de cent ans,*
> Produit pour l'usage des gens.
>> La Fontaine, *le Savetier et le Financier*.

550. Un *verbe ellipsé* se remplace généralement par une virgule.

François Ier a été vaincu à Pavie ; Charles XII, à Pultawa.

La plus parfaite des tragédies est *Athalie*, et la plus parfaite des comédies, *le Tartuffe*.

551. En général, il faut faire usage de la virgule pour marquer *la distinction la plus faible et la pause la plus petite.*

Du Point et Virgule.

552. Le *point et virgule* désigne une pause un

peu plus grande que celle qui est marquée par la virgule : on le met entre les parties semblables d'une phrase, lorsqu'elles ont une certaine étendue, qu'il y a entre elles un rapport de conséquence ou d'opposition, ou qu'elles sont subdivisées en d'autres parties subalternes.

Ainsi la hardiesse et le travail obstiné surmontent les plus grands obstacles ; ainsi il n'y a presque rien d'impossible à ceux qui savent oser et souffrir ; ainsi ceux qui s'endorment, comptant que les choses difficiles sont impossibles, méritent d'être surpris et accablés.

Télémaque, livre XVI.

Il faut pardonner à ses ennemis ; Dieu l'ordonne.

Le reste meurt ; la religion ne meurt jamais.

Télémaque, livre XV.

La Fontaine, dont les fables sont pleines de naïveté, de grâce et de finesse ; Molière, qui a si bien saisi et caractérisé les travers de l'espèce humaine ; Corneille, dont l'âme est si chevaleresque et si élevée ; Racine, dont les vers harmonieux sont empreints d'une si profonde sensibilité, n'ont eu d'égaux ni avant ni après eux.

Des Deux Points.

553. Les *deux points* annoncent un repos un peu plus considérable que le point et virgule. Ils s'emploient 1° pour séparer des membres de phrase qui renferment des subdivisions marquées par le point et virgule :

> Encor si vous naissiez à l'abri du feuillage
> Dont je couvre le voisinage,
> Vous n'auriez pas tant à souffrir ;
> Je vous défendrais de l'orage :
> Mais vous naissez le plus souvent
> Sur les humides bords des royaumes du vent.

La Fontaine, *le Chêne et le Roseau*.

2° Après les mots qui précèdent ou annoncent, et avant ceux qui résument ou rappellent une énumération, une citation, un discours direct :

Toutes les grandes révolutions romaines vinrent des femmes : par une femme Rome acquit la liberté, par une femme les plébéiens obtinrent le consulat, par une femme finit la tyrannie des décemvirs, par les femmes Rome assiégée fut sauvée des mains d'un proscrit.

J.-J. Rousseau, Émile, livre v.

Du lait, du pain, des fruits, de l'herbe, une onde pure :
C'était de nos aïeux la saine nourriture.

Exemple donné par Girault Duvivier.

Dieu dit : Que la lumière soit faite ; et la lumière fut faite. Bible, trad. par Sacy. (Les paroles directes que l'on rapporte doivent toujours commencer par une grande lettre.)

Le bien que l'on fait à son frère
Pour le mal que l'on souffre est un soulagement :
Confucius l'a dit.

Florian, l'Aveugle et le Paralytique.

3° Pour séparer deux membres de phrase dont l'un sert d'explication ou de développement à l'autre :

Je parle peu, mais je dis bien :
C'est le caractère du sage.

Lamotte, la Montre et le Cadran.

Du Point.

554. Le *point* marque la plus grande de toutes les pauses ; il annonce un sens fini ou ne se rattachant à d'autres pensées que d'une manière générale. La plupart des phrases citées pour montrer l'usage des autres marques de ponctuation, sont terminées par un point (1).

Des Points d'Interrogation et d'Exclamation.

555. Les *points d'interrogation* et *d'exclamation* désignent les mêmes pauses que le point, les deux points, le point et virgule, la virgule même,

---

(1) Quand on dictera aux élèves un morceau à ponctuer, on commencera par leur faire mettre les points qui doivent indiquer les sens finis.

15

selon l'étendue des phrases ou des membres de phrase et le degré de liaison qu'ils ont entre eux.

556. Le *point d'interrogation* s'emploie à la fin des phrases dont la forme est interrogative (1) ou qui doivent être prononcées du ton de l'interrogation. Cette marque de ponctuation indique l'ellipse d'une proposition.

Qu'est-ce que cet usurpateur, sur la mort duquel la famille qu'il a renversée du trône verse des larmes? (Je demande ce que c'est que cet usurpateur.....)

Montesquieu.

Qui de nous des clartés de la voûte azurée
    Doit jouir le dernier ? (Je désirerais connaître celui de nous qui, etc.)

La Fontaine, *le Vieillard et les trois Jeunes Hommes.*

..... vous ne courez donc pas
Où vous voulez?

Id., *le Loup et le Chien.*

557. Le *point d'exclamation* se place immédiatement après les interjections et les locutions interjectives, et ordinairement après le compellatif précédé de l'interjection ô. Il se met encore à la fin des phrases dont la forme est exclamative ou qui doivent être prononcées du ton de l'exclamation. Les phrases exclamatives commencent très-souvent par un mot conjonctif que l'on peut rattacher à une proposition ellipsée.

Ah ! pleure, fille infortunée !
Ta jeunesse va se flétrir,
Dans sa fleur trop tôt moissonnée !

C. Delavigne, *Messéniennes. Mort de Jeanne d'Arc.*

Quelles clameurs, ô Dieu ! quels cris épouvantables !

Voltaire, *Henriade.*

---

(1) Voyez, pour la forme interrogative et pour la forme exclamative, p. 50, nᵒˢ 203 et 205, et p. 115, nᵒˢ 411 et 412.

(Le compellatif ne doit pas être séparé de l'interjection ô par un point d'exclamation.)

En quel état se trouvait la scène française lorsque Corneille commença à travailler ! Quel désordre ! quelle irrégularité ! (J'admire, je considère avec étonnement l'état dans lequel se trouvait, etc.)

Racine.

Dieu nous préserve du voyage ! (Je souhaite que Dieu nous préserve du voyage.)

La Fontaine, le Charretier embourbé.

Heureux ceux qui se divertissent en s'instruisant, et qui se plaisent à cultiver leur esprit par les sciences !

Télémaque, livre II.

Des points de Suspension.

558. Les *points de suspension* indiquent une interruption dans le discours.

Vents, vous osez troubler et la terre et les cieux !
Je devrais..... mais des flots il faut calmer la rage.

Énéide, trad. par J. Delille.

Du Trait de séparation.

559. On emploie principalement le *trait de séparation* pour distinguer, dans un dialogue entre deux interlocuteurs, ce que l'un dit de ce que l'autre répond.

..... regardez bien, ma sœur ;
Est-ce assez ? dites-moi, n'y suis-je point encore ?
— Nenni. — M'y voici donc ? — Point du tout. — M'y voilà ?
— Vous n'en approchez point.

La Fontaine, livre Ier, fable III.

Des Guillemets.

560. On met un *guillemet ouvrant* devant le premier mot, et un *guillemet fermant* après le dernier mot d'une citation en prose, ou d'une citation en vers encadrée dans d'autres vers. Souvent aussi l'on met un guillemet ouvrant ou fermant au com-

mencement de chacune des lignes qui composent le corps de la citation.

On a retenu les paroles de Volney à la nouvelle de la nomination de Bonaparte au commandement de l'armée d'Italie : « Pour peu que les circonstances le secondent, ce sera la tête de César sur les épaules d'Alexandre. »

Le berger plut au roi par ses soins diligents.
« Tu mérites, dit-il, d'être pasteur de gens ;
» Laisse là tes moutons : viens conduire des hommes ;
» Je te fais juge souverain. »
La Fontaine, *le Berger et le Roi*.

DE L'ALINÉA.

561. *Alinéa* signifie *à la ligne*. On appelle *alinéa* le commencement d'une nouvelle ligne un peu reculée vers la droite. On écrit à la ligne quand on passe, dans un discours, d'un point de vue à un autre. Chacune des règles de cette grammaire commence par un alinéa.

CHAPITRE XXV.

De l'Analyse.

562. Le mot *analyse* veut dire *décomposition*.

563. On fait, en grammaire, deux sortes d'analyses : l'une a pour objet la décomposition du discours en *propositions* ; l'autre, la décomposition du discours en *mots*.

564. Dans la première analyse, on fait connaître le nombre de propositions, — leur nature, — le sujet de chacune et les compléments du sujet, s'il en a, — le verbe, — l'attribut et les compléments de l'attribut, s'il en a.

565. Dans la seconde analyse, on indique la na-

ture de *chaque mot*, — le genre, le nombre, la fonction du *substantif*, — cé que représente le *visubstantif*, quels en sont le genre, le nombre, la fonction, — le genre, le nombre du *modificatif variable (qualificatif, prédéterminatif* ou *participe)* et le mot qu'il modifie, — le mot qui est modifié par l'*adverbe*, — la conjugaison, le temps, le mode, la personne, le nombre du *verbe*, — les deux termes des rapports exprimés par les *prépositions* et les *conjonctions*, — l'espèce de sentiment exprimée par l'*interjection* (1)

MODÈLE DES DEUX ANALYSES.

La mort a des rigueurs à nulle autre pareilles : |

. . . .

Le pauvre en sa cabane,) où le chaume le couvre, |

Est sujet à ses lois ; |

Et la garde) qui veille aux barrières du Louvre |

N'en défend point nos rois. | (2)

Malherbe, *Consolation à M. Du Perrier.*
5 pr.

---

(1) On commencera d'exercer les élèves à l'analyse, aussitôt qu'on leur aura expliqué et qu'ils auront étudié les onze premiers numéros de la grammaire. On leur fera reconnaître avant tout, dans des propositions isolées, le sujet, le verbe et l'attribut : lorsqu'ils comprendront et sauront les définitions des parties du discours, et qu'ensuite ils auront appris les chapitres qui ont pour objet les mots variables, on pourra, dans d'autres analyses successives des mêmes propositions, leur faire rendre compte d'abord de la nature des mots, puis de leurs divers accidents ; enfin la syntaxe les rendra capables de faire des analyses complètes.

(2) On trace une ligne verticale à la fin de chaque proposition, un arc de cercle après les phrases coupées ou inter-

Première analyse

OU

COMPTE-RENDU DES PROPOSITIONS.

Ces vers renferment cinq propositions : une *principale absolue*, deux *principales relatives*, une *incidente explicative* et une *incidente restrictive*.

La mort a des rigueurs à nulle autre pareilles, proposition principale absolue : le sujet est *mort* ; le verbe, *est*, et l'attribut *ayant*, qui a pour régime direct *rigueurs* modifié par *pareilles*. Ce dernier qualificatif a pour régime indirect *rigueur* au singulier, sous-entendu.

Le pauvre, en sa cabane, est sujet à ses lois, proposition principale relative : le sujet est *pauvre*, modifié par *logé*, sous-entendu, qui a pour régime indirect *cabane* ; le verbe, *est*, et l'attribut *sujet*, qui a pour régime indirect *lois*.

Où le chaume le couvre, proposition incidente explicative : le sujet est *chaume* ; le verbe, *est*, et l'attribut *couvrant*, qui a pour régime direct *le*, représentant *pauvre*, et pour régime indirect *où*, équivalant à *dans laquelle cabane*.

Et la garde n'en défend point nos rois, proposition principale relative : le sujet est *garde* ; le verbe, *est*, et l'attribut *défendant*, qui a pour régime direct *rois*, et pour régime indirect *en*, équivalant à *d'elle (de la mort)*.

Qui veille aux barrières du Louvre, proposition incidente restrictive : le sujet est *qui*, pour *laquelle garde* ; le verbe, *est*, et l'attribut *veillant*, qui a pour régime indirect *barrières*, dont le complément déterminatif est *Louvre*.

---

rompues (la partie concave de l'arc doit être tournée vers ces dernières), une ligne horizontale sous le sujet, deux lignes parallèles sous le régime direct et une ligne brisée sous le complément déterminatif. Lorsqu'un mot est deux fois sujet, on met un point sous la ligne horizontale et l'on trace au-dessous du point une nouvelle ligne horizontale : on sépare aussi par un point les autres signes identiques ou différents qu'on est obligé de faire sous le même mot. Ces signes sont empruntés du *Traité d'analyse logique et grammaticale par V. A. Vanier.*

Deuxième analyse

OU

COMPTE-RENDU DES MOTS.

La	prédéterminatif simple, au fém. sing., pour s'accorder en genre et en nombre avec son substantif *mort* ; car *tout modificatif variable*, etc. (1)
mort	substantif commun, signe d'une substance intellectuelle fém. sing., sujet de *a*.
a	verbe de possession transitif *avoir* au présent de l'affirmatif, à la troisième personne du sing., pour s'accorder avec son sujet *mort* en nombre et en personne ; car *tout verbe à un mode personnel*, etc. (2)
des	contraction des deux mots *de* et *les*.
	de — préposition qui exprime un rapport entre un substantif sous-entendu et *rigueurs*.
	les — prédéterminatif simple, au fém. plur., pour s'accorder en g. et en n. avec son substantif *rigueurs*.
rigueurs	substantif commun, signe d'une substance intellectuelle, fém. plur., régime direct du v. *avoir*, si l'on fait abstraction du substantif sous-entendu dont *rigueurs* est, à proprement parler, le complément déterminatif.
à	préposition qui exprime un rapport entre *pareilles* et *rigueur* au singulier, sousentendu.
nulle	adjectif de nombre indéfini, au fém. sing., pour s'acc. en g. et en n. avec *rigueur* sousentendu.

---

(1) V. p. 103, n° 363. Jusqu'à ce que les élèves aient acquis un certain degré de force, ils citeront une fois, dans chaque analyse, la règle syntaxique qui sera appliquée dans la phrase à analyser.

(2) V. p. 121, n° 437.

autre	qualificatif au fém. sing., pour s'acc. en g. et en n. avec *rigueur* sous-entendu.
pareilles :	qualificatif, au fém. plur., pour s'acc. en g. et en n. avec *rigueurs*.
Le	prédéterminatif simple, au masc. sing., pour s'acc. en g. et en n. avec son substantif *pauvre*.
pauvre	substantif commun, signe d'une substance sensible, masc. sing., sujet de *être sujet*.
en	préposition qui exprime un rapport entre *logé*, sous-entendu, et *cabane*.
sa	adjectif possessif, au fém. sing., pour s'acc. en g. et en n. avec son substantif *cabane*.
cabane,	substantif commun, signe d'une substance sensible, fém. sing., régime indirect de *logé*, sous-entendu.
où	visubstantif conjonctif, mis pour *dans laquelle cabane*, régime indirect du verbe *couvrir* ; il unit la première proposition principale relative et l'incidente explicative.
le	prédéterminatif simple, au masc. sing., pour s'acc. en g. et en n. avec son substantif *chaume*.
chaume	substantif commun, signe d'une substance sensible, masc. sing., sujet du verbe *couvrir*.
le	visubstantif simple, représente *pauvre* et est comme lui du masc. sing., attendu que les visubstantifs doivent toujours, etc. (1) ; régime direct du v. *couvrir*.
couvre,	verbe d'action transitif *couvrir* de la 2e conjugaison, irrégulier, au présent de l'affirm., à la 3e pers. du sing. pour s'acc. en n. et en pers. avec son sujet *chaume*.
est	verbe *être* au présent de l'affirm., à la 3e pers. du sing. pour s'acc. avec son sujet *pauvre* en n. et en pers.

(1) **V.** p. 116, nº 417.

sujet qualificatif, au masc. sing., pour s'acc. avec *pauvre* en g. et en n.

à préposition qui exprime un rapport entre *sujet* et *lois.*

ses adjectif possessif, au fém. plur., pour s'acc. en g. et en n. avec son substantif *lois.*

lois; substantif commun, signe d'une substance intellectuelle, fém. plur., rég. indir. du qualificatif *sujet.*

et conjonction qui exprime un rapport entre les deux propositions principales relatives.

la prédéterminatif simple, au fém. sing., pour s'acc. en g. et en n. avec son subst. *garde.*

garde substantif collectif, fém. sing., sujet du verbe *défendre.*

qui visubstantif conjonctif, fém. sing. et à la 3ᵉ pers. comme son antécédent *garde*; car, etc. (1) Il unit la 2ᵉ proposition principale relative avec l'incidente restrictive.

veille verbe d'action intransitif, de la 1ʳᵉ conjugaison, au présent de l'affirm., à la 3ᵉ pers. du sing., pour s'acc. en n. et en pers. avec son sujet *qui*, pour *laquelle garde.*

aux contraction des deux mots *à* et *les.*

à — préposition qui exprime un rapport entre *veille* et *barrières.*

les — prédéterm. simple, au fém. plur., pour s'acc. en g. et en n. avec *barrières.*

barrières substantif commun, signe d'une substance sensible, fém. plur., rég. indir. du v. *veiller.*

du contraction des deux mots *de* et *le.*

de — préposition qui exprime un rapport entre *barrières* et *Louvre.*

le — prédéterm. simple, au masc. sing., pour s'acc. en g. et en n avec *Louvre.*

Louvre Subst. propre, masc. sing., complément déterminatif de *barrières.*

---

(1) V. p. 119, nº 427.

n' pour *ne*, adverbe de négation qui modifie *défend*.

en pour *d'elle* (*de la mort*), visubstantif simple, ici du fém. sing., régime indirect du v. *défendre*.

défend verbe d'action transitif, de la 4e conjugaison, au présent de l'affirmatif, à la 3e pers. du sing., pour s'acc. en n. et en personne avec son sujet *garde*.

point complète la négation *ne*.

nos adj. possessif, au masc. plur., pour s'acc. avec son substantif *rois* en g. et en n.

rois. subst. commun, signe d'une substance sensible, masc. plur., rég. dir. du v. *défendre*.

FIN DE LA GRAMMAIRE.

TABLE DES MATIÈRES.

Les chiffres, lorsqu'ils ne sont pas précédés d'un **P**, indiquent les numéros; précédés de cette lettre, ils indiquent les pages.

FIN DE LA TABLE DES MATIÈRES.

FAUTES A CORRIGER.

Page 9, 10ᵉ ligne, le mot *personnatifs* ajouté à *visubstantifs* est inutile.

Même page, 5ᵉ ligne du même numéro, effacez le *s* qui
ne devrait pas terminer le visubstantif *leur*.

Page 13, numéro 66, *faisane* doit être écrit avec un seul *n*.

Page 40, 5ᵉ ligne du numéro 190, mettez un *d* au lieu
du *t* qui termine *quant*.

Même page, même numéro, ajoutez *étiqueter* après
déceler.

Page 53, 2ᵉ conjugaison des verbes irréguliers, le participe actif *acquérant* est omis.

Page 59, la 3ᵉ personne plur. du présent de l'affirmatif
du v. *valoir* ne devait pas figurer parmi les irrégularités.

Page 65, le participe actif *riant* ne devait pas non plus se
trouver parmi les irrégularités.

Page 66, numéro 217, aux secondes personnes singulières
de l'impératif des verbes *aller*, *avoir*, *savoir*, il faut ajouter
cueille, *ouvre*, *offre*, *couvre* et *souffre*.

Page 83, numéro 273, *Ascalaphe* doit commencer par
une grande lettre.

Je me borne à indiquer ces quelques fautes, et je laisse à
MM. les Professeurs le soin de faire disparaître les autres.
M. B. Pautex (1) a bien voulu prendre la peine de lire les

---

(1) Auteur d'un *Recueil de mots français rangés par
ordre de matières avec des notes sur les locutions vicieuses
et des règles d'orthographe*, ouvrage composé et imprimé
avec le plus grand soin.

Ce recueil, adopté par l'Université pour tous les degrés de
l'instruction primaire, se trouve chez Hachette, libraire,
rue Pierre-Sarrazin, 12.

épreuves des deux derniers tiers de l'ouvrage : j'ai plus d'une fois profité de ses remarques. Je recevrai avec reconnaissance toutes les observations qu'on m'adressera ; elles ne pourront que contribuer à rendre cette petite grammaire moins imparfaite.

M. Lambert ne tardera pas à publier de *nouveaux exercices* qui ont reçu, en 1840, l'approbation de la *Société d'Éducation et des Méthodes.* Ces exercices peuvent s'adapter à toute espèce de grammaire.

Paris.— Imp. d'É. Proux et Cᵉ, rue Neuve-des-Bons-Enfants, 3.